CHURRASCO VEGETARIANO

101 deliciosas receitas
para fazer na grelha
ou na churrasqueira

BERINJELA com mel e especiarias
P. 40

CHURRASCO VEGETARIANO

101 deliciosas receitas para fazer na grelha ou na churrasqueira

PubliFolha

Título original: *101 Vegetarian Grill & BBQ Recipes*

Publicado originalmente na Grã-Bretanha em 2016 por Ryland Peters & Small, 20-21 Jockey's Fields, WC1R 4BW, Londres, Inglaterra, e 341 E 116th St., 10029, Nova York, NY, Estados Unidos.

Copyright das receitas © Amy Ruth Finegold, Annie Rigg, Brian Glover, Carol Hilker, Celia Brooks Brown, Chloe Coker, Claire and Lucy McDonald, Dunja Gulin, Fran Warde, Ghillie Basan, Jackie Kearney, Jane Montgomery, Jane Noraika, Jordan Bourke, Laura Washburn, Lesley Waters, Lindy Wildsmith, Louise Pickford, Lydia France, Miranda Ballard, Tori Finch, Tori Haschka, Valerie Aikman-Smith
Copyright de projeto gráfico e fotos © 2016 Ryland Peters & Small

Copyright © 2016 Publifolha Editora Ltda.

Todos os direitos reservados. Nenhuma parte desta obra pode ser reproduzida, arquivada ou transmitida de nenhuma forma ou por nenhum meio sem a permissão expressa e por escrito da Publifolha Editora Ltda.

Proibida a comercialização fora do território brasileiro.

PUBLIFOLHA
Divisão de Publicações do Grupo Folha
Al. Barão de Limeira, 401, 6º andar
CEP 01202-900, São Paulo, SP
Tels.: (11) 3224-2186/2187/2197
www.publifolha.com.br

Coordenação do projeto: Publifolha
Editora-assistente: Isadora Attab
Coordenadora de produção gráfica: Mariana Metidieri

Produção editorial: A2
Coordenação Editorial: Sandra R. F. Espilotro
Tradução: Gabriela Erbetta
Consultoria: Luana Budel
Preparação: Carla Fortino
Revisão: Carmen T. Costa, Maria A. Medeiros
Editoração eletrônica: A2

Edição original: Ryland Peters & Small
Seleção das receitas e edição: Alice Sambrook
Designer: Paul Stradling
Produtor: David Hearn
Diretora editorial: Julia Charles
Diretora de arte: Leslie Harrington
Publisher: Cindy Richards
Indexação: Vanessa Bird

Dados Internacionais de Catalogação na Publicação (CIP)
(Câmara Brasileira do Livro, SP, Brasil)

Churrasco vegetariano : 101 deliciosas receitas para fazer na grelha ou na churrasqueira / Ryland Peters & Small ; [tradução Gabriella Erbetta. -- São Paulo : Publifolha, 2016.
Título original: 101 vegetarian grill & BBQ recipes.
ISBN 978-85-68684-65-8

1. Alimentos vegetarianos 2. Culinária (Churrascos) 3. Culinária vegetariana 4. Vegetarianos 5. Vegetarianismo I. Ryland Peters & Small.

16-07840 CDD-641.5636

Índices para catálogo sistemático:
1. Churrasco : Receitas : Culinária

Este livro segue as regras do Acordo Ortográfico da Língua Portuguesa (1990), em vigor desde 1º de janeiro de 2009.

Impresso na China.

NOTA DO EDITOR
Apesar de todos os cuidados tomados na elaboração das receitas deste livro, os editores não se responsabilizam por erros ou omissões decorrentes da preparação dos pratos.
Pessoas com restrições alimentares, grávidas e lactantes devem consultar um médico especialista sobre os ingredientes de cada receita antes de prepará-la.
Os ovos são médios ou grandes, a não ser que haja outra indicação. Sempre que possível, recomenda-se usar ovos orgânicos de aves criadas ao ar livre. Receitas que contenham ovos crus ou parcialmente cozidos não devem ser oferecidas a crianças, idosos, grávidas ou pessoas com problemas no sistema imunológico.
Orientações sobre queijos vegetarianos na p. 9.

As fotos podem conter acompanhamentos ou ingredientes meramente ilustrativos. Observações, exceto se orientado de outra forma:
Use sempre ingredientes frescos, incluindo temperos e condimentos.
Forno, grelha ou churrasqueira devem ser preaquecidos na temperatura indicada na receita. Os aparelhos podem variar de acordo com o fabricante. Recomendamos usar um termômetro e consultar o manual do fabricante para obter instruções.
Equivalência de medidas:
1 colher (chá) = 5 ml
1 colher (sopa) = 15 ml
1 xícara (chá) = 250 ml

SUMÁRIO

6 Introdução
7 Orientações para grelhar

CAPÍTULO 1
PASTAS, PETISCOS E ENTRADAS

11 Homus de batata-doce; Babaganuche; Pasta de feijão-rajado
12 Muffin de milho com guacamole de manga
15 Salada de vegetais grelhados com torrada de ervas
16 Alcachofra grelhada com maionese de pimenta e limão
17 Polenta grelhada
18 Keftede de tomate com tzatziki
20 Antepasto de vegetais
21 Champignon piripíri
23 Satay de couve-flor com chutney de coentro e coco
24 Cebola recheada com espinafre e ricota
26 Rolinho de berinjela e queijo
27 Pão chato grelhado com alecrim
28 Banana-da-terra com limão e pimenta

CAPÍTULO 2
ESPETOS E KEBABS

31 Espetinho caramelizado de tofu
32 Espetinho de pão de alho
33 Espetinho de vegetais com molho tailandês
34 Halloumi grelhado com tapenade de azeitona
37 Brochete de beterraba e cebola pérola
38 Kebab vegetariano com pesto

39 Satay picante de tofu com molho de soja especial
40 Berinjela com mel e especiarias
43 Espetinho chachlik

CAPÍTULO 3
SANDUÍCHES E HAMBÚRGUERES

45 Halloumi no pão pita
46 Hambúrguer de beterraba com maionese de mostarda extraforte
48 Hambúrguer de faláfel
49 Hambúrguer de cogumelo com maionese de pimenta e geleia de cebola
51 Hambúrguer de quinoa com "pão" de cogumelo
52 Hambúrguer de berinjela
53 Hambúrguer de batata-doce ao curry
54 Hambúrguer vegano picante
57 Sanduíche de vegetais com "pão" de halloumi
58 Hambúrguer de tofu e feijão
61 Hambúrguer de champignon e cevada
62 Hambúrguer de raízes com queijo

CAPÍTULO 4
ACOMPANHAMENTOS

64 Abobrinha grelhada
65 Milho-verde grelhado com sal de pimenta
66 Batata assada na brasa
67 Papelote de batata-doce com gergelim
68 Batata-doce rústica
69 Batata caseira clássica
70 Alho-poró na grelha com molho tarator
71 Ratatouille
73 Abóbora assada com limão e especiarias
74 Cuscuz marroquino amanteigado; Triguilho com ghee
77 Macarrão de arroz com gengibre e pimenta; Arroz pilafe
78 Vegetais assados à moda do Oriente Médio com sementes de romã
80 Cenoura e erva-doce fritas com cominho e xarope de romã
81 Batata na cúrcuma com limão e coentro
83 Berinjela gratinada
84 Mac'n'cheese com espinafre
87 Pão ao molho barbecue

CAPÍTULO 5
SALADAS

88 Coleslaw clássica
89 Coleslaw com sour cream
90 Coleslaw com alecrim
91 Coleslaw de manga e limão
92 Rémoulade de beterraba, aipo-rábano e maçã
94 Tabule com queijo feta
95 Salada de quinoa com vegetais
97 Salada de trigo e castanha-de-caju
98 Salada de risoni
100 Salada de batata com limão-siciliano
101 Salada de batata-bolinha com molho de gaspacho
102 Salada de abobrinha e queijo feta com molho de limão-siciliano, alcaparra e hortelã
103 Salada de pimentão e aspargo grelhados
105 Salada de romã e abóbora com molho balsâmico
106 Salada de pão pita com muçarela de búfala e salsa de azeitona
108 Salada de vagem trufada
109 Salada de cenoura, laranja-vermelha e nozes
111 Endívia recheada com beterraba, cominho e grãos

CAPÍTULO 6
MOLHOS, SALSAS E TEMPEROS

112 Molho barbecue picante e defumado
113 Ketchup caseiro
114 Molho agridoce de pimenta; Molho barbecue asiático
116 Maionese clássica; Maionese de mostarda
117 Maionese de ervas; Maionese de limão-siciliano; Maionese de pesto
119 Marinada tailandesa picante; Marinada de iogurte com hortelã; Marinada de ervas, limão e alho
120 Molho de queijo azul
123 Salsa de tomate defumado; Salsa verde; Salsa de manga e gergelim
124 Kimchi de fermentação caseira
127 Tempero creole; Tempero marroquino; Tempero asiático

CAPÍTULO 7
DELÍCIAS DOCES

129 Abacaxi caramelado
130 Bruschetta de damasco com creme de laranja
132 Figo grelhado com creme mascarpone de amêndoa
133 Papelote de frutas grelhadas
135 Pera grelhada com mel, nozes e queijo azul
136 Banana recheada com pasta de amendoim e chocolate
139 Marshmallow vegano
140 Brownie de chocolate e marshmallow

142 Índice
144 Créditos das receitas e das imagens

INTRODUÇÃO

EXISTE MANEIRA MAIS PRAZEROSA DE COZINHAR DO QUE GRELHANDO ALIMENTOS SOBRE BRASAS VERMELHAS E BRILHANTES? A COMIDA FICA ENVOLTA EM CALOR E FUMAÇA E GANHA O TOQUE ÁCIDO DE SUCOS CÍTRICOS E O AROMA DAS ERVAS E ESPECIARIAS DA MARINADA – E TUDO ISSO SEM UM ÚNICO PEDAÇO DE CARNE. PREPARE SUA CHURRASQUEIRA OU GRELHA E ENCANTE A TODOS COM UM CHURRASCO VEGETARIANO.

Para muitos, fazer churrasco é um ato de dedicação – a tarefa amorosa de servir alimentos defumados e grelhados. Mas isso não é o que se pode chamar de trabalho "pesado": ficar ao ar livre, com um copo da bebida preferida, conversando e cozinhando o que desejar, e, caso se distraia por um instante, a comida ainda ganha mais sabor: as partes tostadas dos ingredientes. Nada melhor que um churrasco para reunir as pessoas numa combinação improvável de mães, pais, tias, tios, crianças e amigos batendo papo e comendo juntos – uma atmosfera relaxada que muitos de nós parecem ter perdido no dia a dia agitado. Essa satisfação de comer ao ar livre fica, infelizmente, muitas vezes reservada para as férias ou os feriados. Seja como for, preparar refeições na churrasqueira ou grelha nos dá a chance de desfrutar esse prazer em qualquer clima – pode ser num dia ensolarado de verão, com um kebab acompanhado de salada, ou numa reunião de inverno, com batatas assadas na brasa e hambúrgueres e marshmallows tostados.

Aqui ninguém precisa se sentir inferior aos carnívoros orgulhosos. Com essa seleção de 101 receitas saborosas, das mais simples às mais elaboradas, ninguém sentirá falta de carne – afinal, vegetais também foram feitos para ser envolvidos em marinadas e chiar em uma grelha quente. Os dias em que o cardápio vegetariano se resumia a uma triste opção estão distantes: um enorme leque de escolhas está agora à sua espera.

ORIENTAÇÕES PARA GRELHAR

A ESCOLHA DA CHURRASQUEIRA/GRELHA
Existem churrasqueiras/grelhas de todos os tamanhos, tipos e preços – das pequenas e descartáveis, feitas de papel--alumínio e vendidas em supermercados e lojas de utilidades domésticas, às grandes, em geral mais caras. As receitas funcionam em qualquer um dos modelos apresentados a seguir.

Puristas podem argumentar que a churrasqueira/grelha precisa ser alimentada com carvão, mas muitos preferem (e acham mais práticos) aparelhos a gás ou elétricos. Você pode até se perguntar qual confere um sabor melhor aos alimentos, porém, no fundo, essa escolha é pessoal.

Uma churrasqueira/grelha a carvão aceita briquetes de serragem e carvão de lenha. O primeiro corre o risco de conter substâncias químicas remanescentes do processo de fabricação, as quais, embora totalmente seguras, podem alterar o sabor da comida; já o segundo não contém aditivos, queima fácil, aquece mais rápido e dura mais.

Churrasqueiras/grelhas portáteis ajudam a variar o local do almoço ou jantar e são vendidas em diversos estilos. Confira o peso, pois alguém vai ter que carregar o equipamento – então, quanto mais leve, melhor. Também podem ser alimentadas com carvão ou gás, lembre-se apenas de que o primeiro mantém-se quente por algum tempo e, portanto, você precisará descartá-lo de maneira segura ou esperar até que esfrie completamente antes de colocar em um saco e levar embora.

Uma frigideira grill, usada sobre a chama do fogão, é uma alternativa para quando o tempo estiver fechado ou na falta de espaço para um churrasco ao ar livre. Embora não ofereça o sabor defumado clássico, ela deixa os alimentos com as marcas de grelha.

Ao fazer um churrasco, preste atenção na segurança, principalmente se estiver em um local público. Seja sensato e não acenda o fogo perto de madeira ou grama seca. Leve um cobertor antichama e, se possível, um extintor de incêndio portátil.

CHURRASQUEIRA A CARVÃO

Distribua o carvão na maior área que seu equipamento permitir – deixando ao menos 10 cm de profundidade e um pouco de espaço nas beiradas. Coloque alguns tabletes de álcool sólido em meio ao carvão e acenda com um fósforo. Quando o carvão queimar, deixe por 40-45 minutos, até que as chamas se apaguem e o material fique coberto com cinzas. Estenda a mão cerca de 12 cm acima do calor e conte por quanto tempo consegue mantê-la: apenas 1-2 segundos, o fogo está quente; 3-4 segundos, médio; e 5-6, fraco.

Também é possível determinar a temperatura ajustando a altura das prateleiras sobre o carvão. A maioria dos equipamentos tem diversos "degraus" de suporte à grelha – quanto mais próximo do fogo, mais quente. Limpe a churrasqueira depois de ter servido a comida, mas enquanto ainda estiver acesa, para que todos os resíduos de alimentos possam ser empurrados em direção ao fogo. Não limpe a grade com sabão ou água: basta esfregá-la bem com uma escova de aço resistente (ver Utensílios, à direita).

A GÁS OU ELÉTRICA?

Churrasqueiras/grelhas a gás ou elétricas devem ser ajustadas da mesma maneira que o fogão doméstico: aumentando ou diminuindo a temperatura. Muitas vezes vêm com uma tampa para cobrir o alimento – o resultado é semelhante ao de assá-lo. Também é possível deixá-las destampadas e somente grelhar a comida.

Esse tipo deve ser aquecido até ficar bem quente antes de colocar o alimento; o calor pode ser reduzido em seguida conforme a necessidade. Isso permite dourá-lo rapidamente por fora, mas retendo o sabor, da mesma maneira que uma churrasqueira convencional.

Embora produtos especiais para limpeza estejam disponíveis em lojas de utilidades domésticas, limpe o equipamento da mesma maneira que faria com a alimentada com carvão. Para resultados melhores, siga as instruções da embalagem.

UTENSÍLIOS

Pegadores de cabo comprido são indispensáveis para virar pequenos nacos de alimentos sem aproximar demais as mãos do calor, evitando queimaduras.

Escolha uma espátula resistente e grande, que aguente o peso de hambúrgueres mais robustos. As de silicone, à prova de calor, são práticas e fáceis de limpar.

Espetos podem ser feitos de bambu ou metal. Os primeiros, descartáveis, devem ser

PREPARO DOS ALIMENTOS

Prepare com antecedência todos os ingredientes a serem usados – no mesmo dia, pela manhã, ou 1-2 horas antes de servir. Nas receitas, os tempos de marinada são flexíveis e devem ser adaptados à sua disponibilidade. Salsas, molhos e saladas podem ser finalizados antes, mas as saladas de folhas devem ser temperadas somente na hora de servir. Quando prontos, cubra os alimentos e leve-os à geladeira ou armazene-os em um local fresco até a hora de grelhar ou servir. Mantenha os ingredientes sempre cobertos com filme de PVC ou um pano de prato limpo, a fim de evitar o contato de insetos. Para que não estraguem, prepare-os sem muita demora. Deixe o forno ou uma prateleira da churrasqueira aquecida para conservar a temperatura de alimentos caso a receita peça o preparo em porções. Enquanto isso, entretenha os convidados com petiscos e entradas montados com antecedência. Deixe as pastas e molhos prontos, para que cada pessoa se sirva quando os pratos principais chegarem à mesa.

NOTA: QUEIJOS VEGETARIANOS
Queijos fabricados com renina animal não devem ser ingeridos por vegetarianos rigorosos ou veganos – confira na embalagem ou direto com o fabricante se o queijo é feito com fermento microbiano. O parmesão tradicional pode conter renina, mas você pode substituí-lo por queijos vegetarianos ou veganos duros, próprios para ralar. Há cada vez mais fabricantes investindo em versões vegetarianas ou veganas de vários tipos de queijo. Pesquise em lojas on-line que atendam a sua região. E sempre leia o rótulo com atenção antes de utilizar qualquer produto.

mergulhados na água antes do uso, para impedir que queimem no fogo alto. Os de metal podem ser encontrados em lojas de utilidades domésticas – mas lembre-se de que podem ficar muito quentes e por isso é preciso usar pano de prato ou pegadores para virá-los.

Um pincel para churrasco é essencial para umedecer os alimentos com molhos e marinadas enquanto grelham.

O melhor utensílio para limpar a churrasqueira e remover pedacinhos de alimentos grudados na grelha ou na chapa é uma escova de aço resistente.

CAPÍTULO 1
PASTAS, PETISCOS E ENTRADAS

HOMUS DE BATATA-DOCE

1 batata-doce grande, assada até ficar bem macia, com a polpa retirada com uma colher

400 g de grão-de-bico escorrido (reserve um pouco para decorar)

2 dentes de alho descascados

6 colheres (sopa) de tahine

½ colher (chá) de sementes de cominho e de coentro (cada) tostadas levemente em uma frigideira até exalarem o aroma

raspas e suco de ½ limão-siciliano

1 colher (chá) de sal marinho

3-4 colheres (sopa) de azeite extravirgem

1 colher (sopa) de salsa picada na hora, para decorar

8 porções

★ Bata a polpa da batata-doce, o grão-de-bico, o alho e o tahine no processador. Triture as sementes em um almofariz e junte ao processador (reserve um pouco para decorar). Junte as raspas e o suco de limão-siciliano, o sal e 3 colheres (sopa) do azeite. Bata até obter um purê; se ficar denso, adicione mais azeite.

★ Regue com um fio de azeite, decore com a salsa, o grão-de-bico e as especiarias.

BABAGANUCHE

2 berinjelas

2 dentes de alho descascados

4 colheres (sopa) de tahine

3 colheres (sopa) de suco de limão-siciliano

½ colher (chá) de sal marinho

uma pitada generosa de páprica doce

2 colheres (sopa) de azeite extravirgem

1 colher (sopa) de sementes de romã

8 porções

★ Fure a berinjela com um garfo, uma ou duas vezes, e coloque-a direto sobre a chama do fogão (com o fogo baixo). Toste de todos os lados, até a polpa ficar macia e a pele chamuscada. Espere esfriar e, com cuidado, descasque e recolha o líquido que ela soltar.

★ Coloque a polpa da berinjela, o alho, o tahine, o suco de limão-siciliano, o sal marinho, a páprica doce e o azeite extravirgem no processador. Bata até ficar homogêneo; tempere generosamente.

★ Sirva regado com azeite e polvilhado com as sementes de romã.

PASTA DE FEIJÃO-RAJADO

250 g de feijão-italiano-rajado

400 ml de azeite extravirgem

2 colheres (sopa) de vinagre de vinho tinto

5 dentes de alho descascados

1 colher (sopa) de alecrim sem os talos picado na hora

um punhado de tomate-cereja

sal marinho

8 porções

★ Coloque o feijão em uma panela refratária grande. Cubra com água e leve ao fogo. Quando ferver, reduza o fogo e cozinhe por 1 hora, ou até ficar macio.

★ Preaqueça o forno a 200°C.

★ Escorra, mantendo cerca de ½ xícara (chá) (100 ml) de água no fundo da panela. Junte os demais ingredientes e 1 colher (chá) de sal marinho. Leve ao forno por 30 minutos, ou até o feijão ficar mole. Depois que esfriar, passe pelo espremedor de batata, tempere a gosto e sirva.

MUFFIN DE MILHO
com guacamole de manga

ESSE MUFFIN SALGADO DE MILHO FEITO NO FORNO É O TIPO DE ALIMENTO RECONFORTANTE QUE FAZ TODO MUNDO SE ANIMAR. PODE SER ASSADO TAMBÉM EM UMA PANELA OU FRIGIDEIRA DE FERRO FUNDIDO, SOBRE A GRELHA OU CHURRASQUEIRA. FICA ÓTIMO SERVIDO COM GUACAMOLE, MANTEIGA OU QUEIJO MONTEREY JACK DERRETIDO.

muffin de milho

480 ml de leite

2 ovos

110 g de manteiga derretida

375 g de farinha de trigo

225 g de fubá

1 colher (chá) de sal

4 colheres (chá) de fermento em pó

110 g mais 1 colher (sopa) de açúcar

198 g de milho-verde em conserva escorrido (ou grãos de 2 espigas)

assadeira para muffins com 6 divisões forrada com papel-manteiga

guacamole de manga

3 avocados grandes e maduros

½ cebola roxa pequena bem picada

1 pimenta-malagueta sem sementes bem picada

suco de 1 limão-taiti espremido na hora

1 manga madura cortada em pedaços médios

1 colher (sopa) de coentro picado na hora

sal marinho

6 porções

★ Preaqueça o forno a 220°C.

★ Em uma tigela grande, bata o leite, os ovos e a manteiga com um fouet. Em outra vasilha grande, misture a farinha de trigo, o fubá, o sal, o fermento e ½ xícara (chá) de açúcar. Faça uma cova no centro e, aos poucos, junte a mistura de leite, mexendo até obter a consistência de massa de bolo. Não bata demais, ou os muffins ficarão um pouco duros. Adicione o milho-verde.

★ Distribua a massa entre as divisões da assadeira, enchendo-as quase até o topo. Leve à prateleira no nível de cima do forno por 20-25 minutos, até dourar e ficar macia ao toque.

★ Para o guacamole de manga: corte os avocados ao meio, ao redor do caroço. Para abri-los, segure cada metade e gire-as para lados opostos. Retire o caroço e descarte; coloque a polpa em uma vasilha e amasse com um garfo. Junte a cebola roxa, a pimenta-malagueta e o suco de limão-taiti; misture bem. Tempere com uma pitada de sal, misture novamente e, com cuidado, acrescente três quartos da manga e a maior parte do coentro.

★ Para servir, transfira o guacamole para uma tigela e decore com a manga e o coentro restantes.

PASTAS, PETISCOS E ENTRADAS

SALADA DE VEGETAIS GRELHADOS com torrada de ervas

1 radicchio cortado em quartos

1 alface-romana cortada em quartos

2 bulbos de erva-doce pequenos com as ramas e cortados em quartos

6 abobrinhas cortadas ao meio no sentido do comprimento

160 g de tomate-cereja

6 berinjelas cortadas ao meio no sentido do comprimento

azeite extravirgem, para regar

um punhado de salsa picada na hora, para decorar

marinada

75 ml de azeite extravirgem

60 ml de vinagre de jerez

2 dentes de alho bem picados

1 echalota* bem picada

uma pitada de páprica defumada

sal marinho e pimenta-do-reino moída na hora

torrada de ervas

115 g de manteiga sem sal em temperatura ambiente

2 colheres (sopa) de folhas de orégano

2 colheres (sopa) de folhas de manjerona

2 colheres (sopa) de folhas de tomilho

1 colher (sopa) de folhas de alecrim

sal marinho grosso e pimenta-do-reino moída na hora

1 baguete grande cortada em fatias grossas

6-8 porções

ESSA RECEITA É IDEAL PARA PREPARAR DEPOIS DE VISITAR A FEIRA DE ORGÂNICOS, QUANDO VOCÊ VOLTA PARA CASA COM UM CALEIDOSCÓPIO DE INGREDIENTES COLORIDOS. SIGA AS SUGESTÕES ABAIXO OU ESCOLHA OS QUE MAIS GOSTAR: DE TOMATE A ABÓBORA E AIPO, É POSSÍVEL USAR QUASE TUDO. DISPONHA OS VEGETAIS GRELHADOS SOBRE UMA TÁBUA DE MADEIRA GRANDE COM FATIAS DE PÃO TOSTADAS E SIRVA. PERFEITO PARA UM CHURRASCO AO AR LIVRE.

★ Coloque todos os vegetais em um refratário grande de cerâmica. Misture os ingredientes da marinada e despeje-a sobre eles. Mexa, para cobrir bem, e reserve.

★ Bata a manteiga e as ervas no processador, até ficar homogêneo, mas preservando um pouco da textura. Tempere a gosto com sal e pimenta-do-reino. Espalhe uma quantidade generosa da manteiga nos dois lados das fatias de baguete e reserve.

★ Preaqueça a churrasqueira/grelha. Trabalhando em porções, grelhe os vegetais, virando-os sempre, até ficarem levemente chamuscados. Alguns ingredientes cozinham mais rápido; retire-os da churrasqueira/grelha quando estiverem prontos, para não queimarem. Transfira-os para uma tábua de madeira grande e tempere suavemente com o que tiver restado da marinada.

★ Leve as fatias de pão à churrasqueira/grelha até ficarem bem tostadas e coloque-as na tábua, ao lado dos vegetais. Polvilhe generosamente com sal marinho, regue com azeite extravirgem e decore com a salsa.

* A echalota é um tipo de cebola com sabor levemente adocicado e mais suave do que as outras. Caso não encontre, substitua por cebola-pérola ou cebola roxa, neste caso em menor quantidade que a pedida na receita.

ALCACHOFRA GRELHADA
com maionese de pimenta e limão

PARA ESSA RECEITA, PROCURE MINIALCACHOFRAS: ELAS PODEM SER GRELHADAS ATÉ FICAREM MACIAS, SEM TEREM QUE PASSAR POR UM COZIMENTO PRÉVIO.

★ Para preparar a maionese, cubra o chipotle ou a pimenta-malagueta seca com água fervente e reserve por 30 minutos. Escorra, seque, corte ao meio e retire as sementes.

★ Pique muito bem o chipotle ou a pimenta-malagueta. Coloque no processador com as gemas e um pouco de sal; bata até espumar. Com o aparelho ligado, acrescente o azeite extravirgem aos poucos, pelo funil, até a maionese engrossar e ficar brilhante. Junte o suco de limão-taiti e, se o molho estiver muito denso, adicione 1 colher (sopa) de água morna. Prove e, se necessário, acerte o sal e a pimenta-do-reino. Cubra e reserve.

★ Apare os talos da alcachofra e corte 2,5 cm da ponta com as folhas. Corte-as ao meio no sentido do comprimento e, se necessário, retire os "espinhos" centrais. Esfregue a superfície cortada com o limão-siciliano, para evitar que perca a cor.

★ Preaqueça a churrasqueira/grelha.

★ Cubra a alcachofra com o azeite e tempere com um pouco de sal e pimenta-do-reino. Grelhe por 15-20 minutos, dependendo do tamanho, até tostar e ficar macia, virando na metade do tempo. Sirva com a maionese de pimenta e limão-taiti e as cunhas.

---

18 minialcachofras

1 limão-siciliano cortado ao meio

2 colheres (sopa) de azeite extravirgem

sal marinho e pimenta-do-reino moída na hora

cunhas de limão-taiti, para servir

maionese de pimenta e limão-taiti

1 chipotle ou pimenta-malagueta seca

2 gemas

200 ml de azeite

suco de 1 limão-taiti espremido na hora

6 porções

POLENTA GRELHADA

TRIÂNGULOS DE POLENTA GRELHADOS SÃO UM ÓTIMO ACOMPANHAMENTO PARA CARNES E PEIXES. TAMBÉM PODEM SER USADOS COMO BASE DE BRUSCHETTAS. EXPERIMENTE COM O ANTEPASTO DE VEGETAIS (P. 20) COMO COBERTURA.

★ Coloque 1 litro de água em uma panela de fundo grosso e leve ao fogo até ferver. Junte o sal e, aos poucos, acrescente a polenta de modo contínuo, sem parar de mexer com um fouet grande.

★ Cozinhe em fogo baixo por 5 minutos, mexendo com uma colher de pau, até engrossar.

★ Retire do fogo e imediatamente acrescente o alho, o manjericão, a manteiga e o parmesão; bata até ficar homogêneo. Transfira para a assadeira e espere esfriar completamente.

★ Preaqueça a churrasqueira/grelha.

★ Desenforme a polenta sobre uma tábua e corte-a em quadrados grandes e depois ao meio, para obter triângulos. Pincele com um pouco de azeite e grelhe na churrasqueira/grelha preaquecida por 2-3 minutos de cada lado, até tostar e aquecer por igual.

---

2 colheres (chá) de sal

175 g de polenta instantânea

2 dentes de alho amassados

1 colher (sopa) de manjericão picado na hora

50 g de manteiga

50 g de parmesão ralado na hora

pimenta-do-reino moída na hora

azeite, para pincelar

assadeira retangular com 23 cm × 30 cm untada

8 porções

KEFTEDE DE TOMATE com tzatziki

HÁ DIVERSOS SABORES E TEXTURAS COMBINADOS NESSES BOLINHOS GREGOS DELICIOSOS, QUE SÃO FEITOS COM MASSA DE CEBOLA E ERVAS, POLPA DE TOMATE E FARINHA DE TRIGO, FRITA ATÉ DOURAR E FICAR CROCANTE. SIRVA COM TZATZIKI, COMO UM PETISCO, ENQUANTO A CHURRASQUEIRA/GRELHA AQUECE.

400 g de tomate-cereja maduro

½ cebola roxa bem picada

um punhado grande de manjericão picado

um punhado grande de hortelã picada

1 colher (chá) de orégano seco

um punhado grande de salsa picada

100 g de farinha de trigo com fermento

250 ml de azeite

750 ml de óleo de girassol ou canola

tzatziki

1 pepino

350 g de iogurte grego sem açúcar

2 colheres (sopa) de suco de limão-siciliano

2 dentes de alho bem picados

1 colher (sopa) de azeite extravirgem

sal e pimenta-do-reino moída na hora

16 unidades
(para 4 pessoas, como aperitivo)

★ Para o keftede, coloque o tomate-cereja em uma tigela grande e aperte, para liberar os sucos (faça isso com o topo do fruto voltado para baixo, ou a polpa espirrará em direção a seus olhos). Esprema tudo, até obter somente sementes, suco e polpa. Junte a cebola roxa, o manjericão, a hortelã, o orégano, a salsa, sal e pimenta-do-reino. Nessa etapa, você pode usar um espremedor de batata para incorporar todos os ingredientes.

★ Junte metade da farinha de trigo com fermento e misture. Aos poucos, acrescente o restante. A massa deve ficar grossa e grudenta.

★ Aqueça o azeite e o óleo de girassol ou canola em uma panela funda e resistente até surgirem pequenas bolhas na superfície. Deve haver pelo menos 5 cm de gordura. Com uma colher (sopa) untada, despeje porções da massa. Frite por 30 segundos e vire para não grudar no fundo. Frite por mais 30 segundos, ou até o exterior ficar crocante e vermelho. Escorra em papel-toalha. Não frite mais do que três bolinhos ao mesmo tempo.

★ Para o tzatziki, corte o pepino ao meio no sentido do comprimento e retire as sementes com uma colher (chá). Rale as duas metades sobre um pano de prato limpo. Reúna as pontas do pano e esprema, para retirar o máximo de líquido possível. Misture o iogurte grego, o suco de limão-siciliano, o alho e o azeite extravirgem. Junte o pepino e mexa.

★ Tempere os bolinhos com sal e sirva quente com o tzatziki.

ANTEPASTO DE VEGETAIS

QUALQUER CHURRASCO COMEÇA BEM COM UM PRATO CAPRICHADO DE VEGETAIS GRELHADOS – COMBINE SEUS PREFERIDOS. SIRVA COM PÃO FRESCO E CROCANTE.

2 pimentões vermelhos

4 ervas-doces pequenas

1 berinjela grande

1 cebola roxa

2 abobrinhas grandes

folhas frescas de ervas como manjericão, endro, erva-doce, hortelã e salsa

azeite extravirgem a gosto

suco de limão-siciliano

sal marinho e pimenta-do-reino moída na hora

pão crocante, para servir

marinada

2 galhos de cada de alecrim e tomilho

4 folhas de louro

2 dentes de alho picados

raspas de 1 limão-siciliano

1 colher (chá) de grãos de pimenta-do-reino amassados

250 ml de azeite extravirgem

4 porções

★ Corte o pimentão vermelho em quartos e descarte as sementes. Apare a erva-doce (reserve os ramos) e fatie bem o bulbo. Corte a berinjela em fatias grossas e depois ao meio. Corte a cebola roxa em cunhas e a abobrinha em fatias grossas na diagonal.

★ Para a marinada, tire as folhas do alecrim e do tomilho. Em um almofariz, amasse-as com o louro, o alho e as raspas de limão-siciliano. Transfira para uma tigela e junte os grãos de pimenta-do-reino e o azeite.

★ Coloque todos os vegetais em uma vasilha, regue com a marinada e mexa delicadamente, para cobrir tudo por igual. Tampe e mantenha em lugar fresco por pelo menos 1 hora.

★ Preaqueça a churrasqueira/grelha, adicione os vegetais e grelhe-os até ficarem macios e levemente tostados. Espere esfriar e tire a pele do pimentão.

★ Distribua em um prato grande. Polvilhe com as ervas e os ramos de erva-doce, regue com o azeite extravirgem e o suco de limão-siciliano. Por fim, tempere levemente com sal e pimenta-do-reino. Sirva em temperatura ambiente com pão crocante.

CHAMPIGNON PIRIPÍRI

SIRVA ESSES CHAMPIGNONS PICANTES COM PALITOS PARA QUE OS CONVIDADOS PEGUEM APENAS UM DE CADA VEZ – ELES SÃO MUITO APIMENTADOS! FINALIZAR O PREPARO NA CHURRASQUEIRA/GRELHA DÁ UM SABOR DEFUMADO EXTRA.

piripíri

2 pimentas-malaguetas grandes

2 dentes de alho

2 colheres (chá) de sal marinho

2 colheres (chá) de vinagre de vinho branco

2 colheres (sopa) de azeite

champignon

2 colheres (sopa) de azeite

1 dente de alho amassado

400 g de champignon fresco

um punhado de salsa fresca picada

palitos

cerca de 30 unidades

★ Bata todos os ingredientes do piripíri no processador até obter um líquido homogêneo.

★ Para o champignon, em uma panela grande aqueça gradualmente o azeite em fogo baixo, junte o alho, os champignons e metade da salsa. Refogue por 3-4 minutos em fogo médio. Aumente a temperatura, acrescente o piripíri e refogue por mais 3-4 minutos, mexendo com uma colher de pau para evitar que grude.

★ Polvilhe-os com a salsa restante, misture e sirva imediatamente em uma vasilha rasa com os palitos ao lado (como você faria com azeitonas).

★ Para um sabor defumado extra, grelhe-os na churrasqueira/grelha.

PASTAS, PETISCOS E ENTRADAS

SATAY DE COUVE-FLOR
com chutney de coentro e coco

OS BOLINHOS DE COUVE-FLOR À MODA INDIANA RENDEM UM PETISCO SABOROSO. FICAM DELICIOSOS COM ESSE CHUTNEY REFRESCANTE E ADOCICADO – PARA UMA OPÇÃO MAIS RÁPIDA, USE MOLHO DE SOJA COM UMA PITADA DE AÇÚCAR OU KETCHUP.

350 g de couve-flor em floretes
óleo de girassol, para fritar
cunhas de limão-taiti, para servir

chutney
1 cebola picada
1-2 dentes de alho picados
um punhado grande de folhas de coentro fresco
2-3 colheres (sopa) de coco ralado (fresco ou seco)
1 colher (chá) de açúcar
suco de ½ limão-siciliano espremido na hora
sal marinho

massa
150 g de farinha de grão-de-bico
2 colheres (chá) de cúrcuma em pó
1 colher (chá) de coentro em pó
1 colher (chá) de feno-grego em pó
1 colher (chá) de pimenta-de-caiena ou vermelha em pó
½ colher (chá) de bicarbonato de sódio
1-2 colheres (chá) de sementes de cominho amassadas
sal marinho e pimenta-do-reino moída na hora

palitos de madeira ou bambu, para servir (opcional)

4 porções

★ Primeiro, prepare o chutney. Em um almofariz ou no liquidificador, triture a cebola com o alho e sal a gosto. Junte o coentro e misture até obter uma pasta. Acrescente o coco ralado, o açúcar, o suco de limão--siciliano, um pouco de água e bata até obter um purê homogêneo. Reserve.

★ Em uma tigela, peneire a farinha de grão-de-bico, as especiarias e o bicarbonato de sódio. Acrescente as sementes de cominho, sal e pimenta--do-reino. Adicione água suficiente para obter uma massa densa.

★ Em um wok ou panela grande, esquente óleo de girassol suficiente para fritar por imersão. Mergulhe os floretes de couve-flor na massa e frite em porções, até dourarem. Escorra em papel-toalha. Espete um palito em cada bolinho e sirva quente com o chutney e as cunhas de limão.

CEBOLA RECHEADA com espinafre e ricota

CEBOLAS RECHEADAS SÃO MAIS FÁCEIS DE FAZER DO QUE VOCÊ IMAGINA E PODEM SER PREPARADAS COM ANTECEDÊNCIA. ESSAS LEVAM ESPINAFRE E RICOTA, MAS TAMBÉM PODEM RECEBER UM RECHEIO À BASE DE NOZES. EXPERIMENTE SERVI-LAS COM UMA SALADA VERDE.

8 cebolas roxas ou brancas

2 colheres (sopa) de azeite

75 g de espinafre bem picado

250 g de ricota

raspas e suco de ½ limão-siciliano

½ colher (chá) de noz-moscada ralada

pinhole e farinha de rosca, para polvilhar

sal e pimenta-do-reino moída na hora

4 porções

★ Preaqueça o forno a 180°C.

★ Corte a raiz das cebolas roxas ou brancas, para que fiquem em pé, e cerca de 2 cm do topo. Descasque-as e, com uma colher (chá), faça uma cavidade no centro, deixando duas ou três camadas de polpa. Se a base estiver furada, use um pedaço de cebola para preencher o espaço.

★ Forre uma assadeira com um pedaço grande de papel-alumínio – suficiente para embrulhar as cebolas – e as disponha sobre ele. Tempere-as com sal e pimenta-do-reino, regue com o azeite e 2 colheres (sopa) de água e embrulhe-as. Asse por 30 minutos, ou até ficarem macias.

★ Para o recheio, coloque o espinafre em uma panela e aqueça, em fogo baixo, até murchar. Escorra o excesso de líquido e espere esfriar. Em uma vasilha, misture bem a ricota, o espinafre, as raspas e o suco de limão--siciliano, a noz-moscada, sal e pimenta-do-reino.

★ Recheie as cebolas assadas e cubra-as com um punhado de pinholes e farinha de rosca para deixá-las crocantes. Transfira-as para uma assadeira e leve de volta ao forno por 15 minutos, ou até a cobertura dourar. Sirva imediatamente com salada verde.

ROLINHO DE BERINJELA E QUEIJO

2 berinjelas cortadas no sentido do comprimento em cerca de 5 fatias

1 colher (chá) de azeite de pimenta

125 ml de azeite

3 colheres (chá) de sementes de cominho levemente tostadas em uma frigideira seca e depois moídas

2 dentes de alho amassados

1 pimenta-malagueta sem sementes e bem picada

um punhado grande de folhas de hortelã bem picadas

175 g de queijo defumado firme* cortado em fatias

sal marinho e pimenta-do-reino moída na hora

um punhado grande de coentro fresco picado grosseiramente, para servir

suco de ½ limão-siciliano espremido na hora, para servir

10 unidades

MUITO PRESENTE NAS CULINÁRIAS DO ORIENTE MÉDIO E DO MEDITERRÂNEO, A BERINJELA COMBINA COM UMA INFINIDADE DE ERVAS E ESPECIARIAS. NESSA RECEITA, ELA ABSORVE O AROMA DOS TEMPEROS E, COM O QUEIJO DEFUMADO, GANHA UM SABOR MAIS ACENTUADO.

★ Coloque a berinjela em uma assadeira grande. Misture os dois tipos de azeite com o cominho, o alho, a pimenta-malagueta, a hortelã, sal marinho e pimenta-do-reino em uma jarra medidora. Despeje sobre a berinjela e vire as fatias, para envolver os dois lados. Cubra com filme de PVC e reserve por algumas horas, ou durante a noite, para incorporar os sabores.

★ Preaqueça a churrasqueira/grelha. Grelhe a berinjela por cerca de 4 minutos, vire-a e repita o procedimento, até dourar e ficar macia por inteiro.

★ Retire-a do fogo, coloque o queijo defumado em uma extremidade de cada fatia e enrole de maneira firme (faça isso enquanto a berinjela estiver quente, para o queijo derreter). Polvilhe com o coentro, regue com o suco de limão-siciliano e sirva.

* Uma opção de queijo firme defumado é o provolone.

PÃO CHATO GRELHADO COM ALECRIM

QUENTINHO, RECÉM-SAÍDO DA CHURRASQUEIRA OU DA GRELHA, ESSE PÃO DE ERVAS AROMÁTICO É DELICIOSO ACOMPANHANDO OUTROS PRATOS OU APENAS SERVIDO COM UM POUCO DE AZEITE.

★ Na tigela da batedeira, peneire a farinha de trigo, o fermento biológico, o sal e o alecrim. Junte a água quente e o azeite extravirgem e bata, usando o gancho para massas, em velocidade alta por cerca de 8 minutos, ou até ficar homogênea e elástica. Para preparar à mão, peneire a farinha de trigo, o fermento biológico, o sal e o alecrim em uma vasilha grande. Faça uma cova no centro, acrescente a água quente e o azeite extravirgem e misture para obter uma massa macia. Transfira para uma superfície levemente enfarinhada e sove até ficar homogênea e elástica.

★ Forme uma bola com a massa e coloque-a em uma tigela untada. Cubra com um pano de prato e deixe crescer em ambiente aquecido por 45-60 minutos, ou até dobrar de tamanho.

★ Amasse a bola e divida-a em quartos. Com o rolo, abra cada pedaço de massa sobre uma superfície levemente enfarinhada para obter formas ovais com 15 cm de comprimento.

★ Preaqueça a churrasqueira/grelha. Pincele um lado do pão com um pouco de azeite e grelhe por 6 minutos em fogo baixo. Pincele o outro lado com o azeite restante, vire e grelhe por mais 4-5 minutos, até dourar por igual. Sirva quente.

---

250 g de farinha de trigo, mais um pouco para polvilhar

1½ colher (chá) de fermento biológico instantâneo

1 colher (chá) de sal

1 colher (sopa) de alecrim picado na hora

120 ml de água quente

2 colheres (sopa) de azeite extravirgem, mais um pouco para pincelar

4 porções

BANANA-DA-TERRA com limão e pimenta

A BANANA-DA-TERRA FICA DELICIOSA GRELHADA. ESSE PROCESSO DE COZIMENTO ACENTUA A DOÇURA DA FRUTA, POR ISSO É RECOMENDÁVEL EQUILIBRÁ-LA COM SABORES CÍTRICOS E UM TOQUE DE PIMENTA.

★ Em uma tigela, coloque a banana-da-terra, o suco de limão-taiti e o azeite de pimenta. Vire as fatias, para cobri-las por igual (isso evita que percam a cor).

★ Preaqueça a churrasqueira/grelha. Distribua a banana-da-terra e grelhe por 2-3 minutos, ou até tostar levemente. Com uma espátula, vire-a com cuidado e grelhe o outro lado por 2 minutos.

★ Transfira para um prato, polvilhe com o sal marinho e o coentro e sirva.

Nota: As melhores bananas-da-terra para grelhar têm a casca escurecida e parecem maduras demais.

---

2 bananas-da-terra cortadas em fatias finas na diagonal

suco de 1 limão-taiti espremido na hora

1 colher (sopa) de azeite de pimenta

sal marinho

coentro fresco picado grosseiramente, para servir

4 porções

CAPÍTULO 2
ESPETOS E KEBABS

ESPETINHO CARAMELIZADO DE TOFU

ESSA RECEITA DE INSPIRAÇÃO ASIÁTICA ESTÁ ENTRE OS ALIMENTOS TÍPICOS QUE VOCÊ ENCONTRA NAS RUAS DE BANGCOC. EXPERIMENTE SERVIR OS ESPETINHOS COM ARROZ JAPONÊS, PARA QUE ABSORVA O MOLHO DE AMENDOIM E PEPINO. VOCÊ PODE PREPARAR OS CUBOS DE TOFU FRITOS EM CASA OU COMPRÁ-LOS PRONTOS EM LOJAS DE PRODUTOS ORIENTAIS.

espetinho de tofu

6 pimentas-malaguetas grandes sem sementes e bem picadas

6 dentes de alho bem picados

2,5 cm de gengibre descascado e picado

½ colher (chá) de pimenta-do-reino branca moída na hora

2 colheres (sopa) de vinagre de jerez ou vinho de arroz Shaoxing

2 colheres (sopa) de molho de peixe vegano* (opcional)

2 colheres (sopa) de molho de soja escuro

4 colheres (sopa) de xarope de agave

1 colher (sopa) de açúcar mascavo

½ maço de coentro picado (folhas e talos)

36 cubos de tofu fritos**

sal marinho

arroz japonês, para servir (opcional)

molho

¼ de pepino descascado e cortado ao meio no sentido do comprimento

1 colher (chá) de molho de soja claro

3 colheres (sopa) de suco de limão-taiti espremido na hora

2-3 colheres (chá) de açúcar mascavo

1 colher (sopa) de amendoim tostado levemente em uma frigideira seca

2 colheres (sopa) de vinagre de arroz

1 cebola roxa bem picada

1 pimenta verde e 1 pimenta-malagueta sem sementes e bem picadas

sal

12 espetinhos de bambu mergulhados em água por 30 minutos

4-6 porções

★ Em uma tigela grande misture todos os ingredientes para o espetinho, exceto os cubos de tofu. Mexa para dissolver o açúcar e tempere a gosto.

★ Junte os cubos e misture para cobri-los de maneira uniforme. Reserve por pelo menos 1 hora ou, de preferência, durante a noite.

★ Para o molho, retire as sementes do pepino com uma colher (chá) e corte a polpa em meias-luas finas. Em uma tigela, misture o molho de soja claro, o suco de limão-taiti e o açúcar mascavo. Triture o amendoim e junte-o à tigela. Adicione os ingredientes restantes, uma pitada de sal e misture bem. Despeje sobre o pepino e mexa para cobrir.

★ Preaqueça a churrasqueira/grelha. Coloque três cubos em cada espetinho e grelhe por 10-12 minutos, virando às vezes, até dourar e ficar crocante. Ofereça dois ou três espetinhos por pessoa com um potinho do molho. Se preferir, sirva com arroz japonês.

* Uma alternativa ao molho de peixe vegano é 1 colher (sopa) de óleo de gergelim.

** Corte 600 g de tofu em cubos grandes, escorra bem e envolva em papel-toalha por 30 minutos para secar. Passe na farinha de trigo e frite. Escorra em papel-toalha e reserve. Misture 1 xícara (chá) de dashi, 2 colheres (sopa) de mirin e 2 colheres (sopa) de molho de soja e leve ao fogo até levantar fervura. Despeje sobre o tofu.

ESPETINHO DE PÃO DE ALHO

1 baguete

100 ml de azeite extravirgem

2 dentes de alho amassados

2 colheres (sopa) de salsa picada na hora

sal marinho e pimenta-do-reino moída na hora

6-8 espetinhos de madeira mergulhados em água por 30 minutos

6-8 porções

ESSA É UMA VERSÃO DIVERTIDA DO PÃO DE ALHO – COM O SABOR DEFUMADO CONFERIDO PELA CHURRASQUEIRA/GRELHA. EXPERIMENTE SERVI-LO COM UMA DAS PASTAS DA P. 11 OU ACRESCENTE CUBOS DE QUEIJO, COMO MUÇARELA DE BÚFALA, PARA UM PETISCO DELICIOSO.

★ Corte a baguete em fatias de 2,5 cm; divida-as ao meio, para obter meias-luas.

★ Em uma tigela grande, misture o azeite extravirgem, o alho, a salsa, sal marinho e pimenta-do-reino a gosto. Junte as fatias de pão e mexa para cobri-las bem.

★ Preaqueça a churrasqueira/grelha. Espete o pão de alho nos espetinhos e grelhe por 2-3 minutos de cada lado, até dourar e tostar.

Variação: corte 220 g de muçarela de búfala em cerca de 24 pedaços pequenos. Espete um pedaço de pão no espetinho e alterne com o queijo. Grelhe como indicado acima.

ESPETINHO DE VEGETAIS COM MOLHO TAILANDÊS

1 manga grande, firme e madura

1 pimentão amarelo sem sementes e cortado em 10 pedaços

2 cebolas roxas pequenas cortadas em 10 cunhas

2 abobrinhas pequenas cortadas em 10 pedaços

1-2 limões-taiti cortados em 10 fatias

10 champignons frescos

1 pimentão vermelho sem sementes e cortado em 10 pedaços

5 pimentas-malaguetas cortadas ao meio e sem sementes (opcional)

20 folhas de limão kaffir desidratadas (opcional)

molho tailandês

50 g de creme de coco* em bloco picado

75 ml de molho de soja escuro

2 colheres (sopa) de açúcar mascavo

2 colheres (sopa) de vinagre de arroz ou suco de limão-taiti

3 colheres (sopa) de purê de tomate

3 folhas de limão kaffir picadas

1 talo de capim-santo em fatias finas

1-2 pimentas-malaguetas em fatias

1 dente de alho em fatias

2 colheres (sopa) de óleo de girassol

10 espetinhos de metal ou bambu (mergulhe os de bambu em água por 30 minutos)

10 unidades

ESSE MOLHO DE SABORES TAILANDESES É USADO AQUI COMO MARINADA, MAS VOCÊ TAMBÉM PODE SERVI-LO NO HAMBÚRGUER, NO LUGAR DO KETCHUP. ARMAZENE NA GELADEIRA POR UMA SEMANA EM RECIPIENTE HERMÉTICO.

★ Para o molho, bata o creme de coco até obter uma pasta densa. Transfira para o liquidificador, junte os outros ingredientes e bata até ficar homogêneo.

★ Descasque a manga com uma faca afiada e coloque-a em pé sobre uma tábua, com a ponta mais estreita voltada para cima. Corte fatias paralelas ao caroço e faça tirinhas do que restar. Pique a polpa em pedaços iguais.

★ Monte os espetinhos com pedaços de frutas e vegetais, começando e terminando cada um, se desejar, com uma folha de limão kaffir. Pincele generosamente os espetinhos com o molho e deixe-os marinar na geladeira por pelo menos 30 minutos. Reserve o molho restante para o próximo passo.

★ Preaqueça a churrasqueira/grelha. Grelhe os espetinhos, virando-os e pincelando-os com o molho restante, até ficarem macios e tostados.

* Bata o coco fresco em pedaços com água, coe e deixe na geladeira por algumas horas. A gordura (o creme) se solidificará. Tire com uma colher e guarde em potes de vidro esterilizados.

ESPETOS E KEBABS

HALLOUMI GRELHADO
com tapenade de azeitona

O HALLOUMI QUENTE TEM UMA TEXTURA E UM SABOR ÚNICOS. PÃO PITA E TAPENADE DE AZEITONA ACOMPANHAM MUITO BEM ESSES ESPETINHOS. ELES PODEM SER PREPARADOS COM ANTECEDÊNCIA, MAS, SE PUDER, SIRVA-OS ASSIM QUE SAÍREM DA CHURRASQUEIRA/GRELHA.

250 g de halloumi

1 pimentão vermelho sem sementes

1 abobrinha

1 colher (chá) de sementes de coentro

1 colher (chá) de sementes de cominho

1 dente de alho amassado

½ colher (chá) de orégano seco

2-3 colheres (sopa) de azeite

sal marinho e pimenta-do-reino moída na hora

pão pita tostado, para servir

tapenade

4 colheres (sopa) de azeitonas variadas sem caroço

tiras finas da casca de ½ limão-siciliano pequeno em conserva*

2 colheres (sopa) de salsa picada

1 colher (sopa) de folhas de hortelã

1 dente de alho

4 colheres (sopa) de azeite extravirgem frutado

8 espetinhos de madeira mergulhados em água por 30 minutos

4 porções

* Corte o halloumi em pedaços e coloque-os em uma vasilha rasa. Corte o pimentão vermelho e a abobrinha em pedaços do mesmo tamanho do halloumi e junte à tigela.

* Toste as sementes de coentro e de cominho em uma frigideira seca, em fogo médio, por cerca de 1 minuto, ou até desprenderem o aroma. Amasse-as em um almofariz e junte-as à mistura de queijo. Acrescente o alho, o orégano e o azeite. Tempere com pimenta-do-reino, mexa e reserve por cerca de 1 hora, para marinar.

* Para a tapenade, coloque todos os ingredientes no processador e bata até ficarem picados grosseiramente. Prove e tempere com sal marinho e pimenta-do-reino, se necessário – lembre-se de que o halloumi já é salgado.

* Preaqueça a churrasqueira/grelha. Monte os espetinhos com pedaços de halloumi, abobrinha e pimentão vermelho, distribuindo-os por igual. Grelhe em porções, até dourarem e o halloumi ficar macio. Sirva com a tapenade e o pão pita aquecido.

* Para o limão-siciliano em conserva, lave e seque 6 limões-sicilianos pequenos. Corte 3 deles em oito cunhas. Coloque-as em um pote hermético esterilizado e adicione 6 colheres (sopa) de sal. Apoie uma peneira no pote e esprema o suco dos limões restantes, até cobrir as cunhas. Tampe e vire o pote de ponta-cabeça algumas vezes, para que o sal se dissolva. Repita o procedimento a cada 2 dias, durante 2 semanas. Na hora de usar, descarte a parte branca e corte a casca em tiras finas. Mantenha na geladeira por até 3 meses.

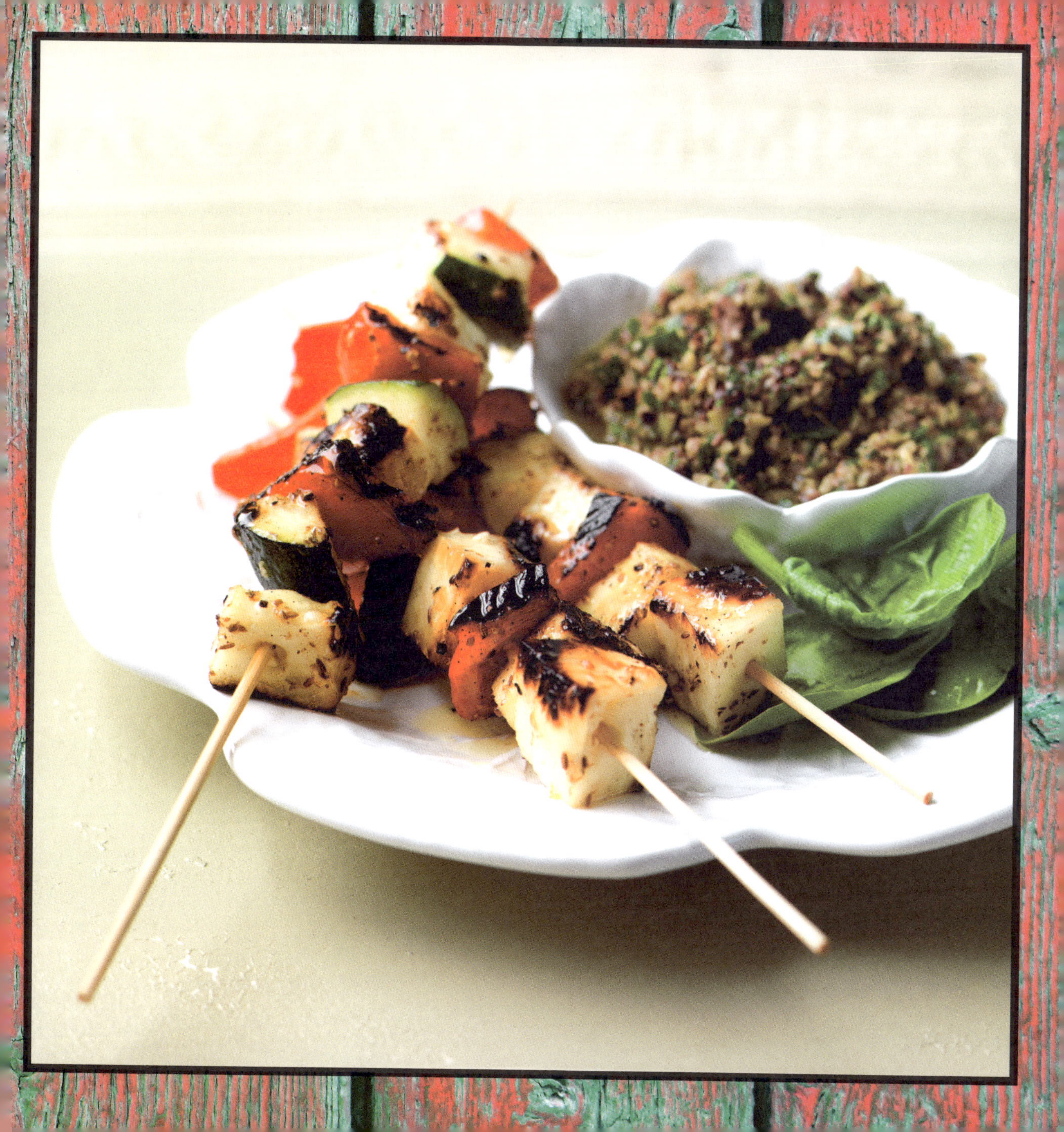

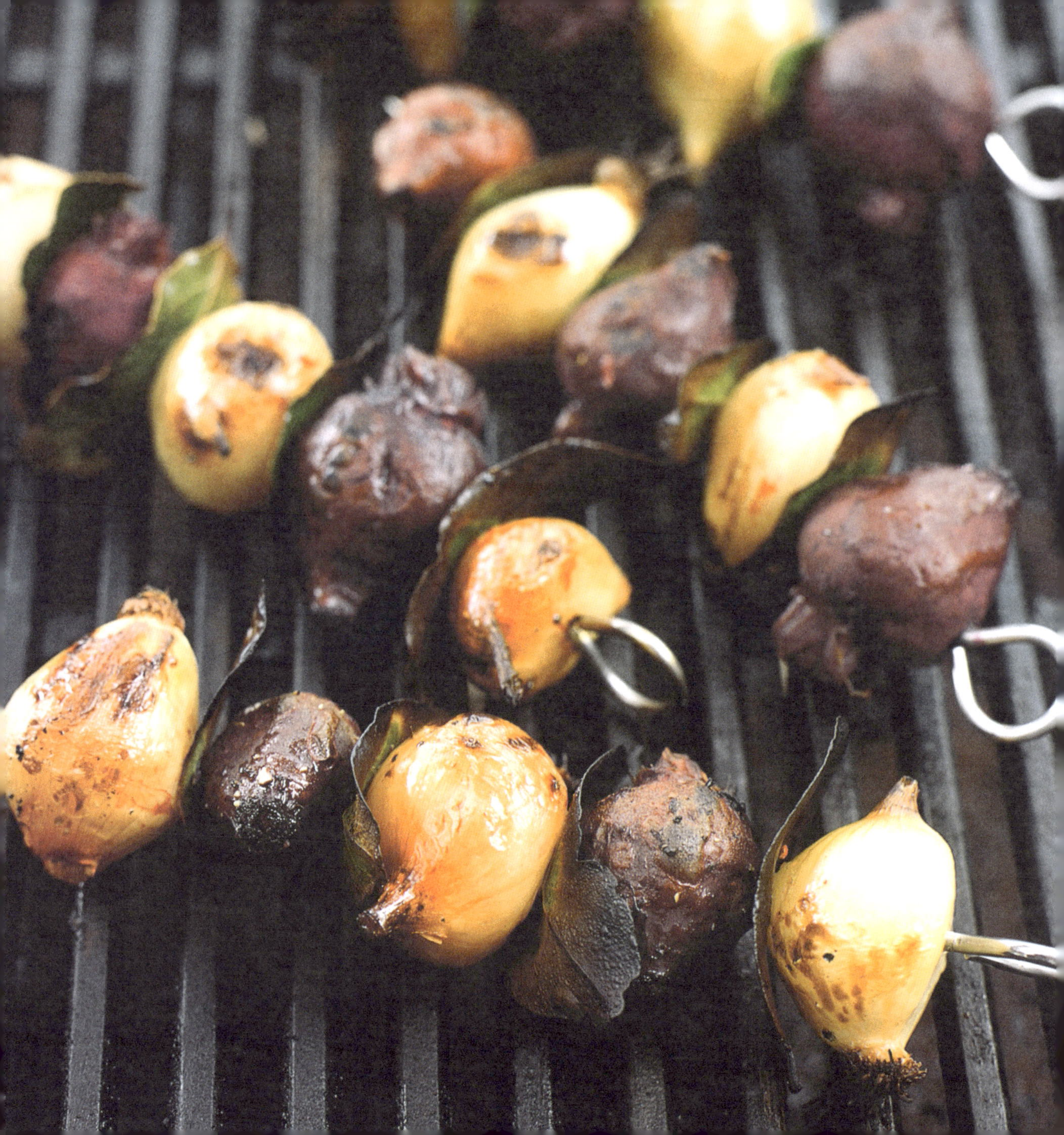

BROCHETE DE BETERRABA E CEBOLA PÉROLA

PARA PREPARAR ESSA BROCHETE, VOCÊ PRECISA DE BETERRABAS E CEBOLAS MAIS OU MENOS DO MESMO TAMANHO, PARA QUE GRELHEM POR IGUAL. PODE SER SERVIDA COMO PRATO PRINCIPAL SE ACOMPANHADA PELO PÃO GRELHADO COM ALECRIM (P. 27) E UMA BOA SALADA.

32 folhas de louro grandes e frescas

20 minibeterrabas*

20 cebola pérolas com casca

3 colheres (sopa) de azeite extravirgem

1 colher (sopa) de vinagre balsâmico

sal marinho e pimenta-do-reino moída na hora

8 espetinhos de metal

4 porções

* Coloque o louro em uma tigela, cubra com água fria e deixe de molho por 1 hora antes de grelhar.

* Corte os talos da minibeterraba e lave bem em água corrente fria. Ferva uma panela grande com água levemente salgada, junte a minibeterraba e a cebola pérola e cozinhe por 5 minutos. Escorra e passe por água corrente fria. Seque com papel-toalha e descasque a cebola.

* Preaqueça a churrasqueira/grelha.

* Monte os espetinhos com minibeterraba, cebola e louro. Regue com o azeite extravirgem e o vinagre balsâmico e tempere com sal marinho e pimenta-do-reino. Grelhe por 20-25 minutos, virando de vez em quando, até ficarem macios e tostados. Sirva imediatamente. Lembre-se de que os espetinhos de metal estarão quentes: use um pano de prato ou luva de cozinha para retirá-los da churrasqueira/grelha.

* Uma alternativa é cozinhar 6 beterrabas e, depois de frias, cortá-las em 20 cubos do tamanho das cebolas.

KEBAB VEGETARIANO com pesto

2 berinjelas cortadas em pedaços

2 abobrinhas cortadas em pedaços

2-3 pimentões sem sementes cortados em pedaços

12-16 tomates-cereja

4 cebolas roxas cortadas em quartos

marinada

4 colheres (sopa) de azeite

suco de ½ limão-siciliano espremido na hora

2 dentes de alho amassados

1 colher (chá) de sal marinho

pesto

3-4 dentes de alho picados grosseiramente

30-40 folhas de manjericão fresco

½ colher (chá) de sal marinho

2-3 colheres (sopa) de pinhole

azeite extravirgem a gosto

60 g de queijo duro italiano, como parmesão ou pecorino, ralado na hora

4-6 espetinhos de madeira mergulhados em água por 30 minutos

4-6 porções

ESSES ESPETINHOS PODEM SER SERVIDOS COM CUSCUZ MARROQUINO E SALADA OU MACARRÃO COM PESTO. QUANDO FEITO EM CASA, O PESTO PODE SER PERSONALIZADO: ALGUNS PREFEREM COM MAIS ALHO, OUTROS COM MAIS MANJERICÃO OU QUEIJO – ADAPTE A QUANTIDADE DE INGREDIENTES DE ACORDO COM SEU PALADAR.

★ Para o pesto, amasse o alho com o manjericão e o sal marinho em um almofariz – o sal age como abrasivo e ajuda a moer os ingredientes. (Se o almofariz for pequeno, talvez seja preciso trabalhar em porções.) Junte o pinhole e bata até obter uma pasta. Aos poucos, acrescente um pouco de azeite extravirgem e o queijo duro ralado, para dar liga. Continue a bater e moer, adicionando azeite suficiente para obter uma pasta homogênea. Reserve.

★ Coloque os vegetais em uma tigela. Em uma vasilha pequena, misture o azeite, o suco de limão-siciliano, o alho e o sal marinho e despeje sobre os vegetais. Mexa delicadamente com as mãos, para cobrir tudo, e monte os espetinhos.

★ Preaqueça a churrasqueira/grelha. Grelhe os kebabs por 2-3 minutos de cada lado, até ficarem macios e tostados. Sirva acompanhado do pesto.

SATAY PICANTE DE TOFU
com molho de soja especial

280 g de tofu lavado, escorrido, seco e cortado em cubos médios

folhas rasgadas de um maço pequeno de manjericão fresco, para servir

marinada

3 talos de capim-santo aparados e bem picados

1 colher (sopa) de óleo de amendoim

3 colheres (sopa) de molho de soja

1-2 pimentas-malaguetas frescas sem sementes e bem picadas

2 dentes de alho amassados

1 colher (chá) de cúrcuma em pó

2 colheres (chá) de açúcar

sal marinho

molho de soja especial

4-5 colheres (sopa) de molho de soja

suco de 1 limão-taiti espremido na hora

1-2 colheres (chá) de açúcar

1 pimenta-malagueta fresca sem sementes e bem picada

um pacote de espetinhos de madeira mergulhados em água por 30 minutos

3-4 porções

EIS UMA RECEITA QUE FAZ MARAVILHAS PELO TOFU – INGREDIENTE QUE ÀS VEZES É INJUSTAMENTE CONSIDERADO INSOSSO. REPLETA DE SABORES DO SUDESTE ASIÁTICO, ESSA CRIAÇÃO VIETNAMITA É VENDIDA EM BARRAQUINHAS DE RUA COMO PETISCO, MAS TRANSFORMA-SE EM PRATO PRINCIPAL QUANDO SERVIDA COM UMA SALADA DE LAMEN OU UMA ASIAN SLAW.

* Para a marinada, misture o capim-santo, o óleo de amendoim, o molho de soja, a pimenta-malagueta, o alho e a cúrcuma em pó com o açúcar até dissolvê-lo. Junte sal marinho a gosto e acrescente o tofu, cobrindo-o bem. Deixe marinar por 1 hora.

* Misture todos os ingredientes do molho com um fouet. Reserve até a hora de servir.

* Preaqueça a churrasqueira/grelha. Monte os espetinhos com os cubos de tofu e grelhe por 2-3 minutos de cada lado. Sirva quente, decorado com o manjericão e acompanhado do molho de soja especial.

BERINJELA
com mel e especiarias

ESSE PRATO VAI TRANSPORTÁ-LO PARA O MARROCOS. AS CLÁSSICAS COMBINAÇÕES DE SABORES QUENTES, PICANTES, DOCES E FRUTADOS DA CULINÁRIA DO ORIENTE MÉDIO FUNCIONAM MUITO BEM COM VEGETAIS GRELHADOS E DEFUMADOS. SIRVA COM CUSCUZ MARROQUINO AMANTEIGADO (P. 74).

8 berinjelas cortadas em fatias grossas no sentido do comprimento

azeite, para pincelar

2-3 dentes de alho amassados

2,5 cm de gengibre descascado e bem picado

1 colher (chá) de cominho em pó

1 colher (chá) de harissa em pasta

5 colheres (sopa) de mel

suco de 1 limão-siciliano espremido na hora

sal marinho

um maço pequeno de salsa picada na hora

Cuscuz marroquino amanteigado (p. 74), para servir

4 espetinhos de madeira mergulhados em água por 30 minutos (opcional)

4 porções

★ Preaqueça a churrasqueira/grelha. Pincele cada fatia de berinjela com azeite e grelhe, virando para dourar levemente.

★ Em um wok ou frigideira grande, frite o alho em um pouco de azeite. Junte o gengibre, o cominho em pó, a harissa em pasta, o mel e o suco de limão-siciliano. Acrescente um pouco de água para diluir, adicione a berinjela e cozinhe em fogo baixo por cerca de 10 minutos, até absorver o molho. Junte mais água, se necessário, e tempere a gosto com sal marinho.

★ Se desejar, monte espetinhos de berinjela e decore com a salsa. Sirva quente ou em temperatura ambiente com o Cuscuz marroquino amanteigado (p. 74), para uma refeição completa, ou como acompanhamento para um hambúrguer vegetariano.

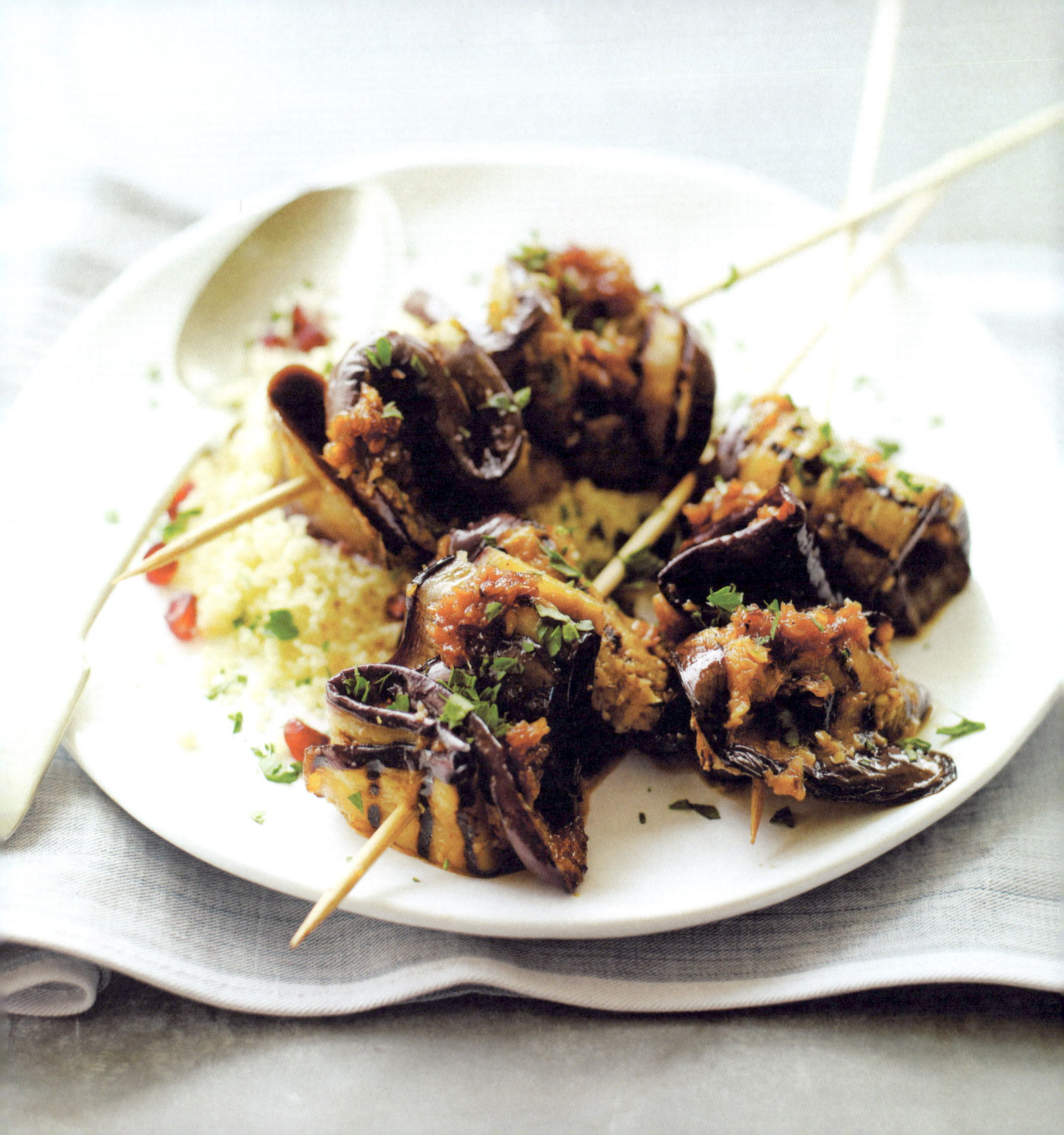

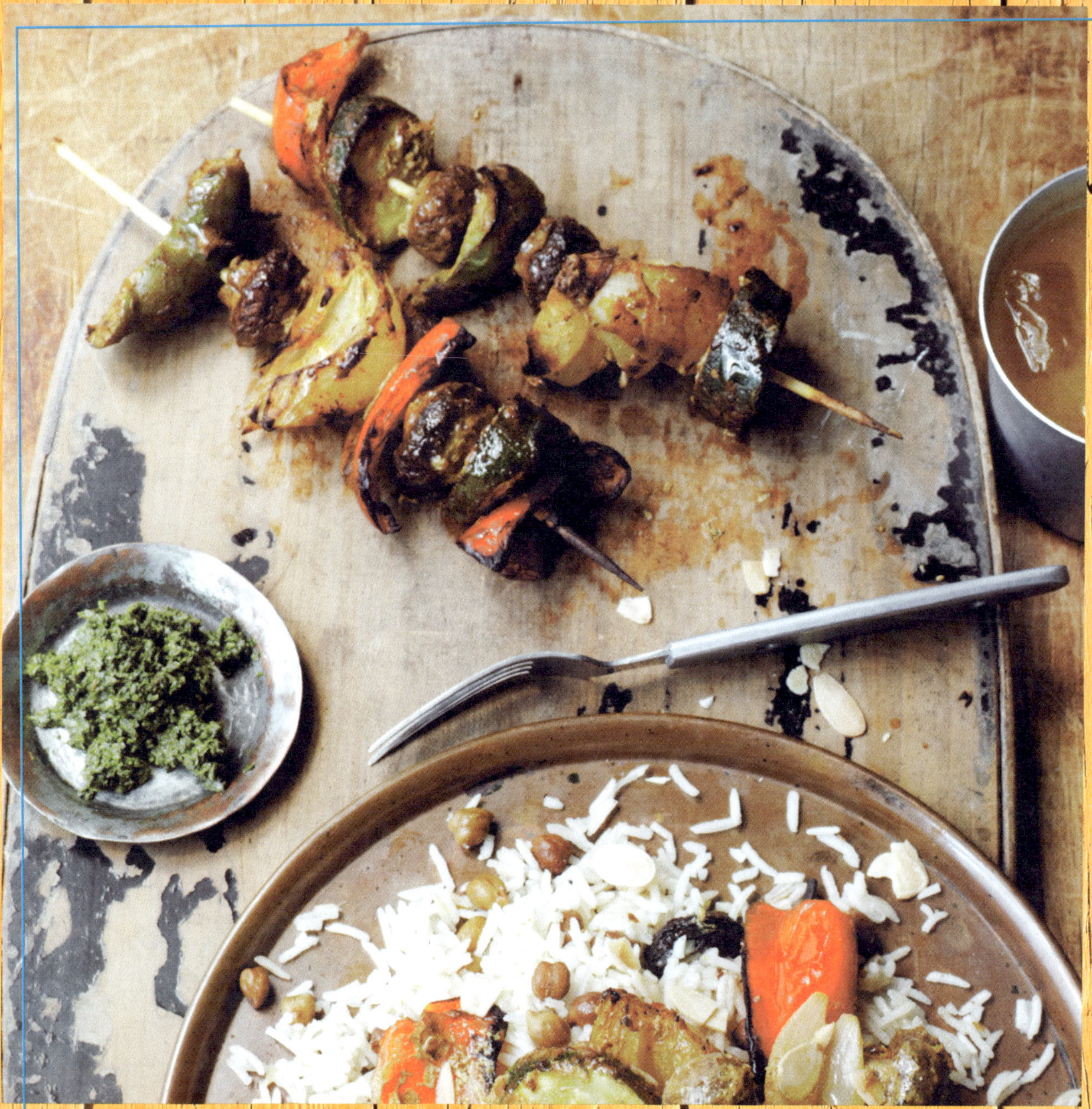

ESPETINHO CHACHLIK

1 pimentão verde sem sementes em pedaços de 2,5 cm

1 pimentão vermelho sem sementes em pedaços de 2,5 cm

1 cebola em pedaços de 2,5 cm

8-10 champignons frescos

1 abobrinha em rodelas grossas

marinada chachlik

2 pimentas-malaguetas grandes aparadas

4 pimentas olho-de-pássaro* verdes aparadas

6 dentes de alho descascados e inteiros

5 cm de gengibre descascado

2 colheres (sopa) de óleo vegetal

2 colheres (chá) de cominho em pó

1 colher (chá) de coentro em pó

1 colher (chá) de garam masala

½ colher (chá) de cúrcuma em pó

2 colheres (chá) de páprica em pó

½ colher (chá) de pimenta vermelha em pó

2 colheres (sopa) de folhas de coentro

2 colheres (sopa) de pasta de tamarindo

1 colher (sopa) de açúcar mascavo

2 colheres (sopa) de maisena

4 colheres (sopa) de vinagre de vinho branco

2-3 colheres (sopa) de iogurte natural

sal e pimenta-do-reino moída na hora

8 espetinhos de bambu mergulhados em água por 30 minutos

4 porções

A PASTA DE CURRY CHACHLIK DESSES ESPETINHOS É REPLETA DE SABOR E EXTREMAMENTE VERSÁTIL. PODE SER USADA COMO BASE PARA UM PRATO DE CURRY E SE MANTÉM NA GELADEIRA POR UM MÊS. SIRVA COM ARROZ PILAFE (P. 77).

★ Preaqueça o forno a 220°C.

★ Para a marinada chachlik, coloque os dois tipos de pimenta, o alho e o gengibre em uma assadeira e regue com o óleo. Mexa para cobrir. Asse por 8-10 minutos, ou até dourar bem. Retire do forno e espere esfriar um pouco.

★ Em uma frigideira seca, em fogo alto, toste as especiarias por 2 minutos, mexendo de vez em quando, até liberarem seu aroma. Coloque-as em um processador pequeno com as pimentas, o alho e o gengibre assados. Junte as folhas de coentro, a pasta de tamarindo, o açúcar mascavo, a maisena e o vinagre de vinho branco; bata até ficar homogêneo. Tempere com sal e pimenta-do-reino.

★ Coloque 4 colheres (sopa) da marinada em uma tigela e acrescente o iogurte natural (se preferir menos picante, adicione mais iogurte). Junte os vegetais e misture para envolver tudo. Cubra com filme de PVC e leve à geladeira por pelo menos 20 minutos.

★ Preaqueça a churrasqueira/grelha. Monte os espetinhos intercalando pimentão verde, champignon, cebola, pimentão vermelho e abobrinha, sempre na mesma ordem. Grelhe por 5-6 minutos de cada lado, até ficarem tostados e macios.

* A pimenta olho-de-pássaro pode ser substituída nessa receita por igual quantidade de pimenta-malagueta verde.

CAPÍTULO 3
SANDUÍCHES E HAMBÚRGUERES

HALLOUMI NO PÃO PITA

QUEM NÃO AMA HALLOUMI? ESSE QUEIJO CONQUISTA PELA TEXTURA E PELO SABOR SALGADO. DURA MESES NA GELADEIRA E ESTÁ SEMPRE À MÃO PARA FATIAR E IR À CHURRASQUEIRA OU À GRELHA. COMBINA COM VEGETAIS TOSTADOS E BEM TEMPERADOS, NUMA REFEIÇÃO SIMPLES E NUTRITIVA QUE AGRADA A TODOS.

1 abobrinha

2 pimentões vermelhos assados em conserva

125 g de halloumi

4 minipães pita

um punhado de azeitona preta sem caroço

um punhado pequeno de salsa fresca picada

sal e pimenta-do-reino moída na hora

homus, para servir

suco de limão-siciliano espremido na hora, para servir

60 ml de azeite, para cobrir os legumes

2 porções

★ Apare a abobrinha, corte-a em três pedaços e fatie cada um no sentido do comprimento para obter tiras com 0,5 cm de espessura. Coloque em uma vasilha rasa com um pouco de azeite.

★ Escorra o pimentão vermelho, retire as sementes e corte-o em tiras um pouco menores que a abobrinha. Coloque na mesma vasilha e cubra tudo com azeite.

★ Preaqueça a churrasqueira/grelha. Grelhe a abobrinha e o pimentão temperados com sal e pimenta-do-reino.

★ Depois de cerca de 1 minuto, confira se estão no ponto, vire e grelhe do outro lado por cerca de 1 minuto. Tempere e retire do fogo.

★ Corte o halloumi em quatro fatias de 1,5 cm de espessura; desse tamanho, correm menos risco de desmanchar. Cada sanduíche receberá uma fatia.

★ Toste levemente os dois lados dos pães, por cerca de 1 minuto, sob o grill do forno ou na churrasqueira/grelha. Coloque o halloumi na vasilha rasa e cubra todas as superfícies com o azeite. Leve à churrasqueira/grelha. Grelhe por 30 segundos, até adquirir as marcas da grelha, e vire.

★ Abra os pães e recheie-os com a abobrinha, o pimentão, a azeitona, a salsa e o halloumi quente. Sirva com homus e uma espremida de suco de limão.

HAMBÚRGUER DE BETERRABA
com maionese de mostarda extraforte

REDUZIR A QUANTIDADE DE CARNE NA ALIMENTAÇÃO É UMA ESCOLHA SAUDÁVEL QUE TAMBÉM FAZ BEM PARA O PLANETA. EMBORA NÃO REPRODUZA O SABOR DO HAMBÚRGUER TRADICIONAL, ESSA RECEITA TEM UMA TEXTURA AGRADÁVEL QUE SATISFAZ OS CARNÍVOROS.

um punhado de endro picado

um punhado de folhas de salsa bem picada

folhas de 2 galhos de tomilho fresco

225 g de beterraba ralada

150 g de cenoura bem ralada

120 g de aveia

3 ovos

1 cebola roxa pequena bem picada

2 dentes de alho amassados

sal marinho e pimenta-do-reino moída na hora

1 colher (sopa) de óleo vegetal

pães redondos cortados ao meio

para servir

folhas de rúcula

tomates-cereja cortados ao meio

salada slaw (pp. 88-91)

maionese de mostarda extraforte

300 ml de azeite extravirgem

300 ml de óleo de girassol

2 gemas

1 colher (chá) de mostarda de Dijon

suco de limão-siciliano espremido na hora a gosto

3 colheres (sopa) de mostarda extraforte

sal

cerca de 10 unidades

★ Em uma tigela, misture bem as ervas, a beterraba, a cenoura, a aveia, os ovos, a cebola roxa e o alho, cuidando para que os ovos e as ervas estejam bem distribuídos. Tempere com 1 colher (chá) de sal marinho e pitadas de pimenta-do-reino. Reserve por 15 minutos.

★ Para preparar a maionese, use um processador ou mixer elétrico. Misture o azeite extravirgem e o óleo de girassol em uma jarra. Na tigela do processador ou do mixer, coloque as gemas, a mostarda de Dijon, o suco de limão-siciliano e uma pitada de sal. Assim que começar a bater, verta a mistura de azeite e óleo bem devagar, até que a maionese comece a emulsificar e engrossar. Quando isso acontecer, você pode despejar um pouco mais rápido, mas nunca de uma vez, para não desandar. Em seguida, misture a mostarda extraforte e leve à geladeira até a hora de servir.

★ Preaqueça a churrasqueira/grelha e o forno a 180°C.

★ Para os hambúrgueres, molde cerca de dez discos com as mãos. Grelhe na churrasqueira por cerca de 2-3 minutos de cada lado, até dourar. Transfira para um refratário e leve ao forno por 20 minutos.

★ Toste rapidamente os pãezinhos abertos na churrasqueira/grelha. Espalhe a maionese de mostarda extraforte e recheie com a rúcula, o tomate-cereja, a salada slaw e um hambúrguer.

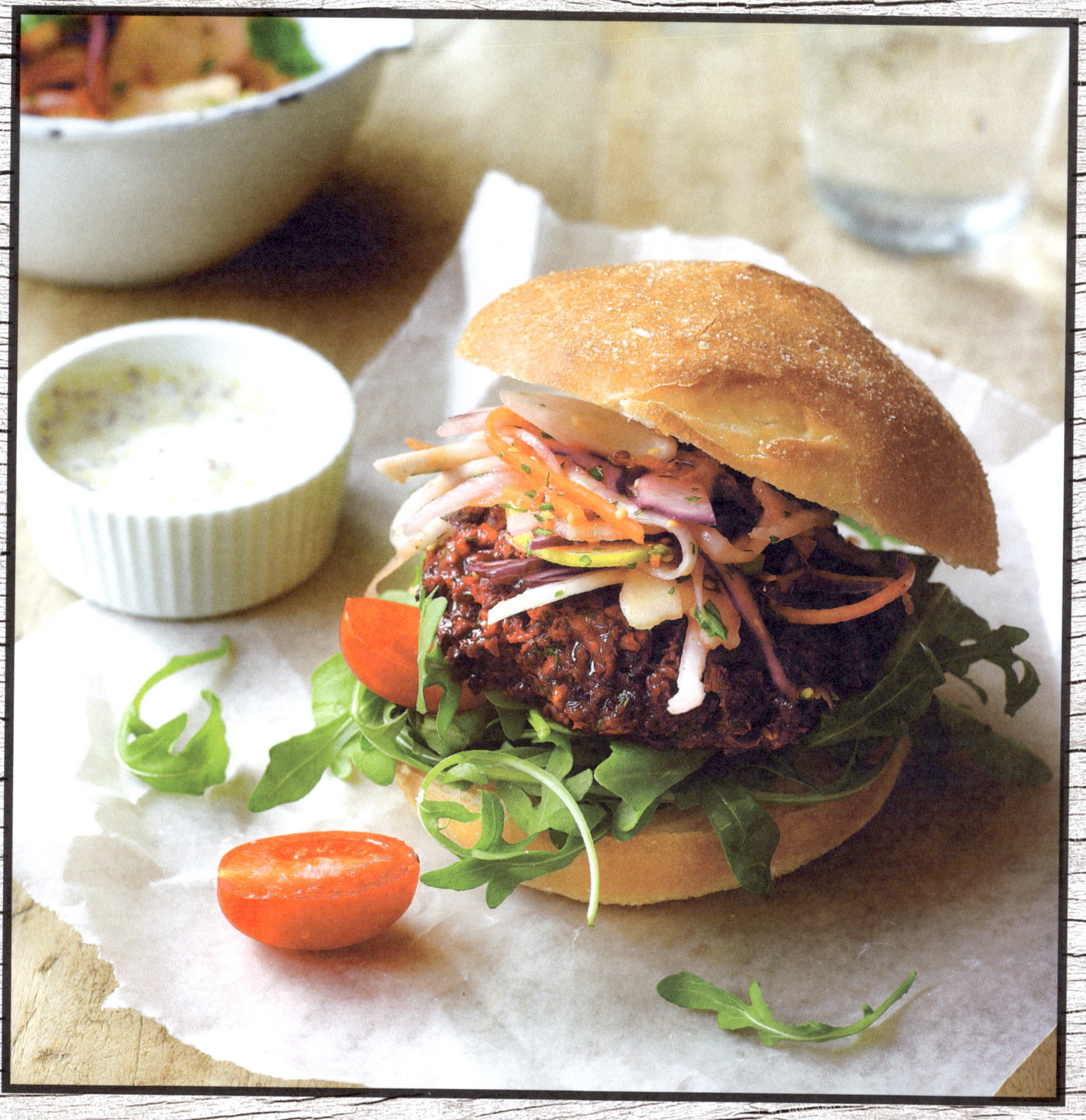

HAMBÚRGUER DE FALÁFEL

225 g de grão-de-bico seco
1 cebola pequena bem picada
2 dentes de alho amassados
½ maço de salsa fresca
½ maço de coentro fresco
2 colheres (chá) de coentro em pó
½ colher (chá) de fermento químico
4 pãezinhos macios cortados ao meio
sal marinho e pimenta-do-reino moída na hora
óleo de girassol, para fritar
folhas para salada, para servir
tomate picado, para servir

molho de tahine e iogurte

100 ml de iogurte grego sem açúcar ou iogurte natural
1 colher (sopa) de tahine
1 dente de alho amassado
½ colher (sopa) de suco de limão-siciliano espremido na hora
1 colher (sopa) de azeite extravirgem
sal marinho e pimenta-do-reino moída na hora

4 porções

DIVERSAS ERVAS E ESPECIARIAS PODEM SER USADAS NO PREPARO DO FALÁFEL, SERVIDO TRADICIONALMENTE NO PÃO PITA COM HOMUS, MAS AQUI COM UM PÃOZINHO MACIO E UM MOLHO DE TAHINE E IOGURTE. PRIMEIRO FRITE OS HAMBÚRGUERES, PARA EVITAR QUE FIQUEM SECOS, E FINALIZE-OS NA CHURRASQUEIRA OU NA GRELHA PARA OBTER UM DELICIOSO SABOR TOSTADO.

★ Em uma tigela, cubra o grão-de-bico com cerca de 12 cm de água. Deixe hidratar durante a noite. Escorra bem e bata no processador até ficar moído grosseiramente. Junte a cebola, o alho, a salsa, os dois tipos de coentro, o fermento químico e um pouco de sal marinho e pimenta-do-reino. Bata até ficar homogêneo. Transfira para uma tigela, cubra e leve à geladeira por 30 minutos.

★ Para o molho, coloque o iogurte, o tahine, o alho, o suco de limão-siciliano e o azeite extravirgem em uma tigela. Misture com um fouet até ficar homogêneo. Tempere a gosto com sal marinho e pimenta-do-reino e reserve até a hora de usar.

★ Preaqueça a churrasqueira/grelha. Com as mãos úmidas, forme doze hambúrgueres pequenos ou oito médios com a massa de grão-de-bico. Em uma frigideira, aqueça uma camada fina de óleo de girassol e frite os hambúrgueres por 3 minutos de cada lado. Escorra em papel-toalha. Transfira para a churrasqueira/grelha e deixe por alguns minutos, para obter um sabor defumado.

★ Recheie os pãezinhos com dois ou três hambúrgueres, molho de tahine e iogurte, folhas para salada e tomate. Sirva quente.

HAMBÚRGUER DE COGUMELO
com maionese de pimenta e geleia de cebola

O COGUMELO PORTOBELLO É A SOLUÇÃO PERFEITA PARA QUEM NÃO COME CARNE, MAS ADORA HAMBÚRGUER. A GELEIA DE CEBOLA PODE SER FEITA COM ANTECEDÊNCIA E MANTIDA NA GELADEIRA POR VÁRIOS DIAS.

- 1 pimenta-malagueta grande
- 115 g de maionese
- 2 colheres (sopa) de azeite extravirgem
- 4 cogumelos portobello grandes sem os talos
- 4 pães de hambúrguer cortados ao meio
- sal marinho e pimenta-do-reino moída na hora
- folhas para salada, para servir

geleia de cebola
- 2 colheres (sopa) de azeite
- 2 cebolas roxas em fatias finas
- 80 g de geleia de groselha*
- 1 colher (sopa) de vinagre de vinho tinto

4 porções

★ Para a geleia, aqueça o azeite em uma panela, junte a cebola roxa e refogue em fogo baixo por 15 minutos, ou até ficar bem macia. Acrescente uma pitada de sal marinho, a geleia de groselha, o vinagre e 2 colheres (sopa) de água. Refogue por mais 15 minutos, ou até obter uma mistura brilhante com consistência de geleia. Retire do fogo e deixe esfriar.

★ Preaqueça a churrasqueira/grelha. Grelhe a pimenta-malagueta inteira em fogo alto, por 1-2 minutos, ou até a pele tostar e ficar escura. Transfira-a para um saco plástico, feche-o e espere esfriar um pouco. Descasque a pimenta-malagueta e remova as sementes. Pique a polpa e coloque-a no processador com a maionese; bata até o molho ficar pintadinho de vermelho. Prove e, se necessário, acerte o sal e a pimenta-do-reino.

★ Pincele o cogumelo com azeite, tempere bem com sal e pimenta-do-reino e leve à churrasqueira/grelha quente por 5 minutos, com o lado do talo voltado para baixo. Com uma espátula, vire e grelhe do outro lado por cerca de 5 minutos, até ficar macio.

★ Toste o pão por alguns minutos na churrasqueira/grelha. Recheie com o cogumelo, as folhas para salada, a geleia de cebola e uma colherada da maionese de pimenta.

* Uma alternativa à geleia de groselha é a de mirtilo ou de framboesa.

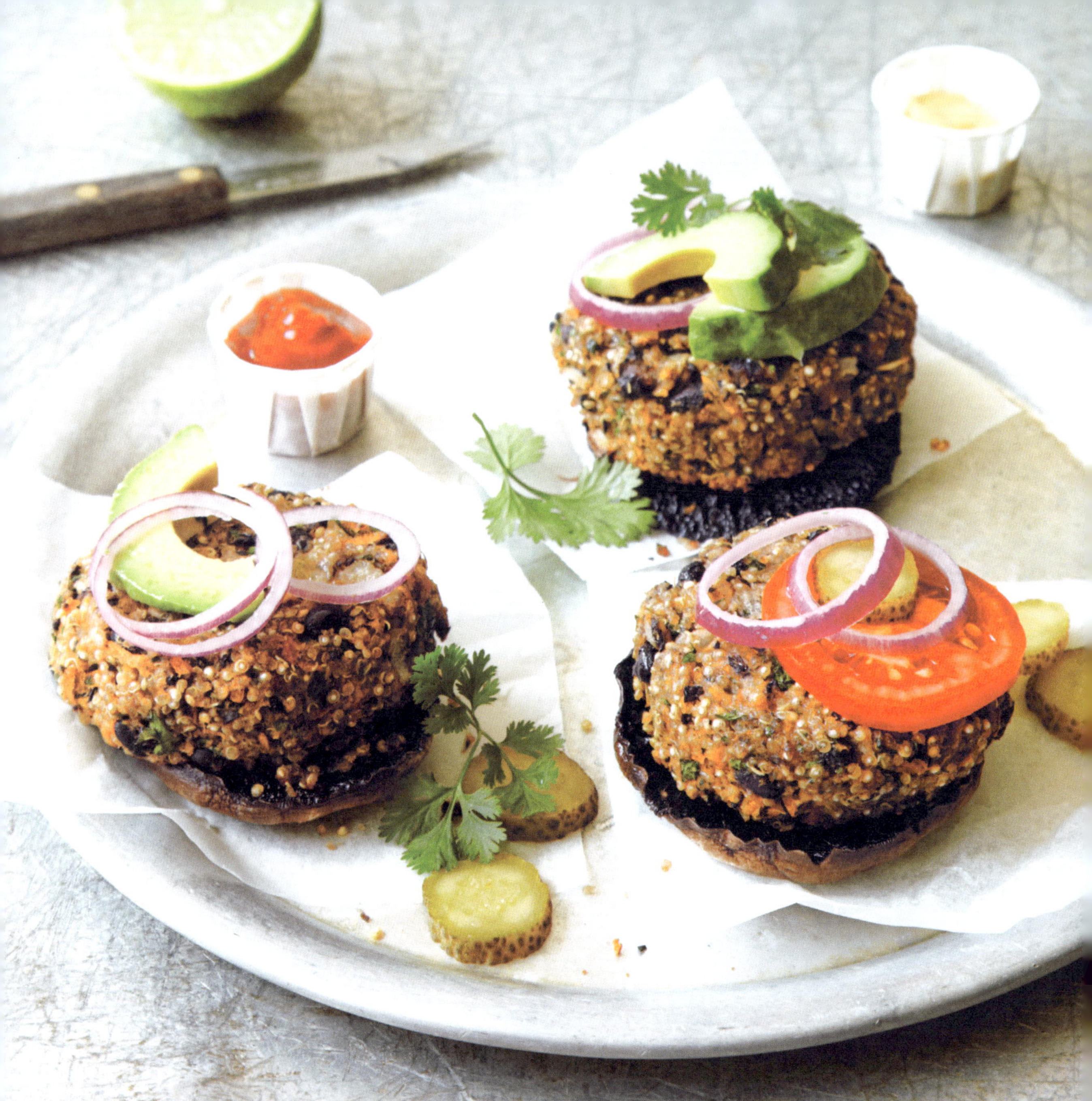

HAMBÚRGUER DE QUINOA
com "pão" de cogumelo

3 colheres (sopa) de azeite

1 cebola bem picada

2 dentes de alho amassados

75 g de feijão-preto cozido e escorrido

120 g de quinoa cozida e escorrida

100 g de polpa de batata-doce cozida

1 cenoura ralada

½ colher (chá) de cominho em pó

½ colher (chá) de coentro em pó

2 colheres (sopa) de salsa picada na hora

15 g de farinha de rosca

5 cogumelos portobello

sal e pimenta-do-reino moída na hora

para servir

avocado em fatias

tomate em fatias

picles de pepino picado

cebola roxa em fatias

coentro fresco

suco de limão-taiti espremido na hora

assadeira forrada com papel-manteiga

5 porções

JUNTOS, A QUINOA, A BATATA-DOCE E O FEIJÃO-PRETO OFERECEM A CONSISTÊNCIA IDEAL AO RECHEIO DESSE SANDUÍCHE – E O "PÃO" DE COGUMELO PORTOBELLO GRELHADO É O ACOMPANHAMENTO PERFEITO.

★ Preaqueça o forno a 180°C.

★ Em uma panela, aqueça 1 colher (sopa) de azeite em fogo médio. Refogue a cebola por cerca de 3 minutos, até ficar macia. Junte o alho e deixe por 1 minuto. Acrescente o feijão-preto, mexa e refogue um pouco mais. Retire do fogo e transfira para uma tigela grande.

★ Amasse levemente o feijão-preto com um garfo para desfazer um pouco os grãos. Adicione o restante dos ingredientes (exceto o cogumelo e o azeite restante) e misture bem. Se a massa estiver muito úmida, junte mais farinha de rosca; caso esteja seca, acrescente mais feijões amassados. Forme discos com as mãos e coloque-os na assadeira. Leve ao forno por 20-25 minutos, virando-os depois de 15 minutos para dourar por igual.

★ Preaqueça a churrasqueira/grelha.

★ Retire os hambúrgueres do forno e leve-os à churrasqueira/grelha para adquirirem um sabor defumado.

★ Para o "pão" de cogumelo, limpe-o com um pano úmido. Retire os talos e regue com as 2 colheres (sopa) restantes de azeite. Tempere com uma pitada de sal e de pimenta-do-reino e grelhe por 5 minutos de cada lado.

★ Na hora de servir, coloque cada hambúrguer sobre um cogumelo grelhado e distribua o avocado, o tomate, o pepino, a cebola roxa, o coentro e suco de limão-taiti a gosto.

HAMBÚRGUER DE BERINJELA

1 berinjela grande

4 colheres (sopa) de azeite extravirgem

1 colher (sopa) de vinagre balsâmico

1 dente de alho amassado

sal marinho e pimenta-do-reino moída na hora

4 minipães de hambúrguer cortados ao meio

1 receita de Pesto (p. 38)

para servir

2 tomates coração de boi* em fatias grossas

200 g de muçarela de búfala em fatias

folhas de rúcula

4 porções

O SABOR DEFUMADO DA BERINJELA ASSADA NA CHURRASQUEIRA E O PESTO DE MANJERICÃO CONFEREM A ESSE SANDUÍCHE UM SABOR TÍPICO DO MEDITERRÂNEO. PARA ACENTUAR ESSA CARACTERÍSTICA, SUBSTITUA O TOMATE CORAÇÃO DE BOI POR TOMATE SECO.

★ Preaqueça a churrasqueira/grelha.

★ Corte a berinjela em rodelas com cerca de 1 cm de espessura. Em uma tigela, misture o azeite, o vinagre balsâmico, o alho, sal marinho e pimenta-do-reino a gosto. Pincele as fatias com o molho. Leve ao fogo por 3-4 minutos de cada lado, até ficarem macias e tostadas.

★ Toste levemente os pãezinhos na churrasqueira/grelha e adicione uma rodela de berinjela. Espalhe o pesto e coloque o tomate e, em seguida, a muçarela. Regue com mais pesto e disponha a rúcula. Feche com a outra metade do pão e sirva quente.

* Podem ser substituídos por 4 unidades de tomate seco.

HAMBÚRGUER DE BATATA-DOCE AO CURRY

75 g de triguilho

400 g de batata-doce em cubos

1½ colher (sopa) de azeite, mais um pouco para fritar

1 cebola pequena bem picada

1 dente de alho amassado

1 colher (sopa) de curry em pó

75 g de amêndoa sem pele bem picada

2 colheres (sopa) de coentro picado na hora

1 ovo batido levemente

4 colheres (sopa) de farinha de trigo

4 pães de hambúrguer cortados ao meio

sal marinho e pimenta-do-reino moída na hora

para servir

folhas para salada

pepino em fatias

chutney de manga

conserva de limão (p. 34) (opcional)

iogurte natural (opcional)

4 porções

ESSE SANDUÍCHE FICA ÓTIMO COM PICLES DE LIMÃO-TAITI E CHUTNEY DE MANGA. USE UM PÃO SIMPLES OU UM CHAPATI AQUECIDO PARA ENVOLVER O RECHEIO. O TRIGUILHO É UM TIPO DE TRIGO EM GRÃOS MOÍDOS, DISPONÍVEL EM MERCADOS E LOJAS DE PRODUTOS NATURAIS.

★ Coloque o triguilho em um refratário, cubra-o com água fervente, ultrapassando os grãos em 3 cm, e reserve por 20 minutos. Escorra bem.

★ Enquanto isso, cozinhe a batata-doce no vapor por 10-15 minutos, até ficar macia. Escorra bem e amasse-a com um espremedor de batata. Aqueça o azeite em uma frigideira e refogue a cebola, o alho e o curry por 10 minutos.

★ Em uma tigela, junte o triguilho, a batata-doce, o refogado, a amêndoa, o coentro, o ovo, a farinha de trigo e um pouco de sal marinho e pimenta-do-reino. Amasse com as mãos até misturar por igual. Cubra e leve à geladeira por 30 minutos. Com as mãos úmidas, divida a massa em oito porções e forme discos de hambúrguer com cada uma.

★ Preaqueça a churrasqueira/grelha.

★ Em uma frigideira, aqueça um pouco de azeite e frite os hambúrgueres por 3-4 minutos de cada lado. Transfira para a churrasqueira/grelha e grelhe-os por 1 minuto de cada lado, para adquirirem um sabor defumado. Toste o pão na churrasqueira/grelha e recheie com o hambúrguer, as folhas para salada, o pepino e o chutney de manga. Se desejar, adicione picles de limão e iogurte.

HAMBÚRGUER VEGANO PICANTE

FAZER UM BOM HAMBÚRGUER VEGANO NÃO É TÃO FÁCIL, MAS ESSA RECEITA RESOLVE A QUESTÃO. A FRITURA CONFERE A ELE UMA CROSTA CROCANTE E DEIXA O INTERIOR SUCULENTO – E O SABOR DE CHURRASCO VEM DA MISTURA DE ESPECIARIAS E TEMPEROS DA MASSA.

80 g de polpa de vegetais ou raízes raladas, como cenoura ou nabo-redondo

50 g de cebola em cubinhos

3 dentes de alho amassados

1 colher (chá) de tempero para churrasco

¼ de colher (chá) de páprica doce

¼ de colher (chá) de cúrcuma em pó

⅛ de colher (chá) de pimenta vermelha em pó

4 colheres (sopa) de ervas picadas na hora (salsa, cebolinha etc.)

575 g de arroz integral cozido em temperatura ambiente

¾ de colher (chá) de sal marinho

farinha de trigo, para empanar

óleo de girassol, para fritar

para servir

batata-doce em cunhas frita

picles de pepino em fatias

cebola roxa em fatias

maionese de tofu*

4-5 porções

★ Para o hambúrguer, coloque todos os ingredientes (exceto a farinha de trigo e o óleo) em uma tigela grande. Amasse com as mãos até misturar tudo e o arroz começar a ficar pegajoso. Isso evita que os hambúrgueres se desmanchem e absorvam muito óleo. Prove e, se necessário, acrescente mais sal marinho e tempero para churrasco. Reserve por 30 minutos.

★ Com as mãos úmidas, modele cerca de catorze hambúrgueres pequenos. Passe cada um pela farinha de trigo e reserve.

★ Enquanto isso, encha uma frigideira alta de fundo grosso com 3 cm de óleo de girassol e leve ao fogo. Para saber se está na temperatura certa, teste com um pouco de massa: o óleo deve borbulhar imediatamente em torno dela. Frite dois hambúrgueres de cada vez, dependendo do tamanho da frigideira – ela não deve ficar cheia. Quando os hambúrgueres dourarem, retire-os com uma escumadeira e coloque-os sobre papel-toalha. Precisam estar com uma crosta fina e o interior suculento e apenas levemente oleosos.

★ Sirva quente, com batata-doce frita, picles de pepino, fatias de cebola e maionese de tofu.

* Para a maionese de tofu, bata no liquidificador 1 xícara (chá) de tofu macio, suco de 1 limão-siciliano, 2 colheres (sopa) de azeite extravirgem, sal e pimenta-do-reino moída na hora a gosto.

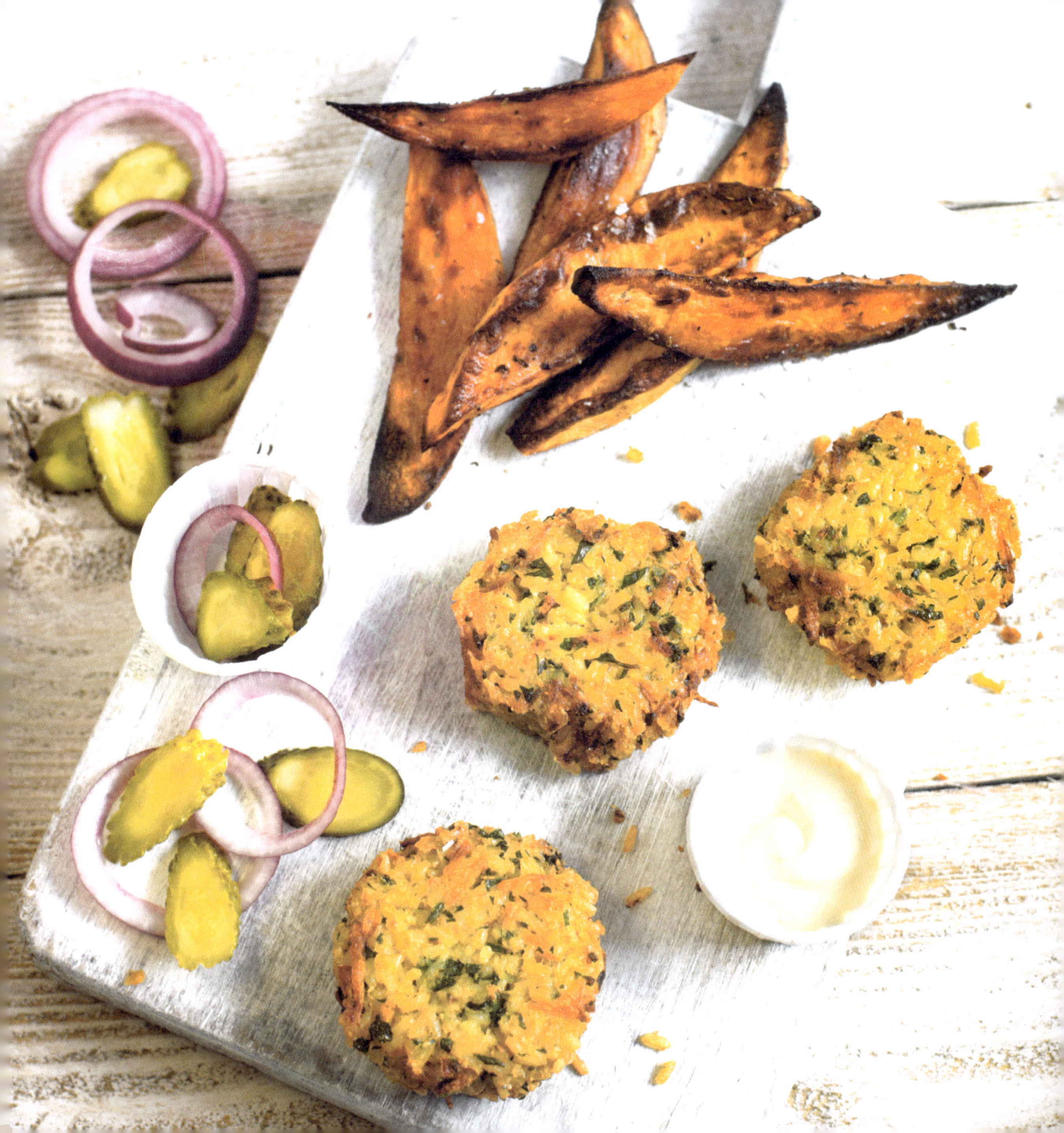

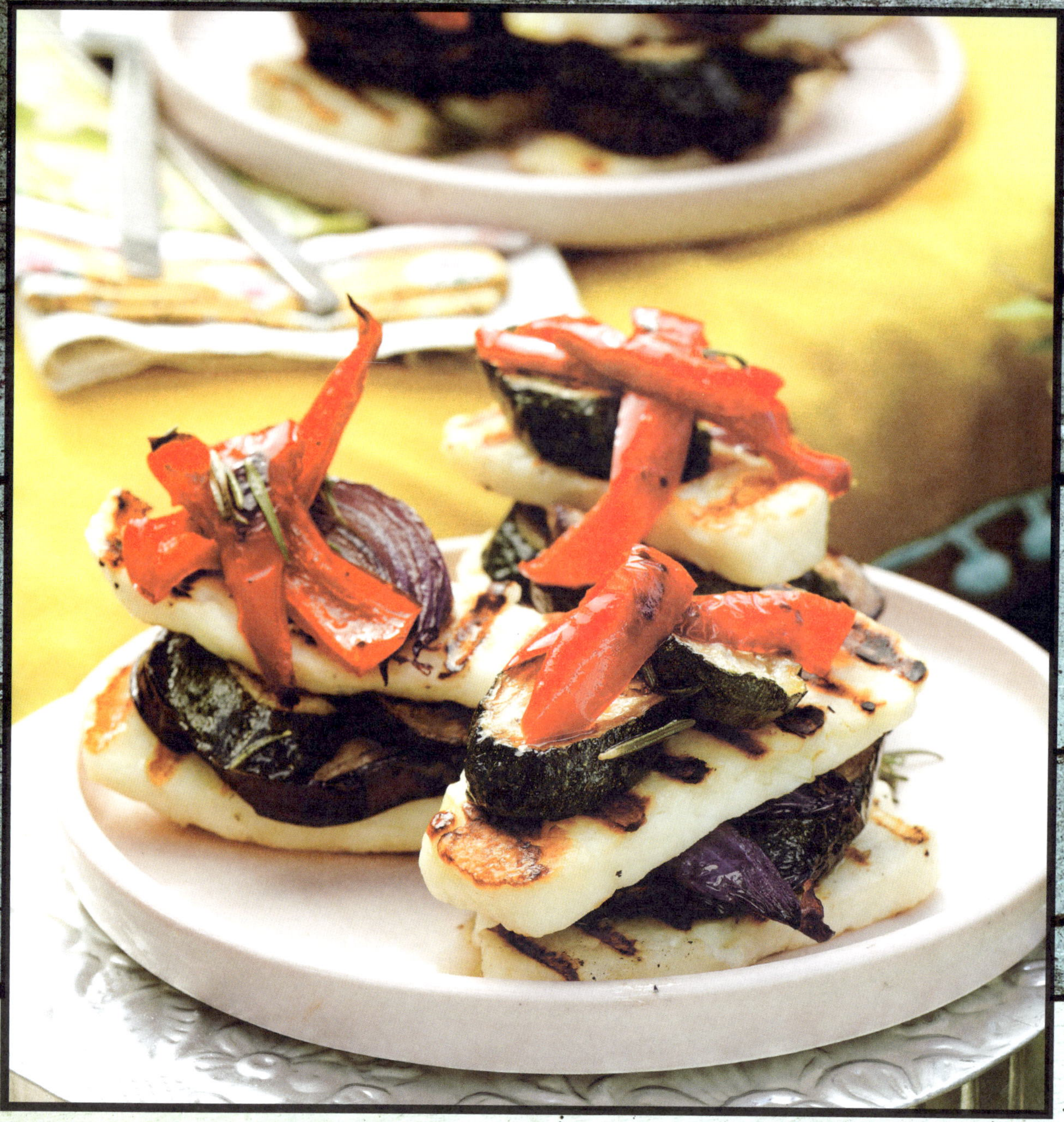

SANDUÍCHE DE VEGETAIS
com "pão" de halloumi

1 berinjela grande

3 abobrinhas pequenas

1 cebola roxa grande

2 pimentões vermelhos

3-4 colheres (sopa) de azeite

3 ramos grandes de alecrim

suco de ½ limão-siciliano espremido na hora

500 g de halloumi cortado em 12 fatias no sentido do comprimento

sal marinho e pimenta-do-reino moída na hora

palitos de dente

6 porções

VEGETAIS ASSADOS E HALLOUMI GRELHADO RENDEM UMA COMBINAÇÃO INCRÍVEL DE SABORES E TEXTURAS. USAR O QUEIJO COMO ALTERNATIVA AO PÃO RETIRA OS CARBOIDRATOS DA REFEIÇÃO: ÓTIMO PARA QUEM PREFERE OU PRECISA DE UMA DIETA SEM GLÚTEN.

★ Preaqueça o forno a 220°C.

★ Corte a berinjela e a abobrinha em rodelas com 1 cm de espessura. Corte as cebolas roxas em cunhas grossas. Por fim, abra o pimentão vermelho ao meio, retire as sementes e corte-o em tiras de 1 cm. Despeje um pouco de azeite em uma assadeira e distribua os vegetais com os ramos de alecrim por cima. Regue com mais azeite e veja se a berinjela está bem coberta, pois tende a ressecar no forno, e tempere tudo com sal marinho e pimenta-do-reino. Asse por 30-40 minutos, até os vegetais ficarem macios. Espere esfriar e regue com o suco de limão-siciliano.

★ Preaqueça a churrasqueira/grelha. Grelhe as fatias de halloumi por cerca de 30 segundos de cada lado, até adquirirem levemente as marcas da grelha.

★ Para montar o sanduíche, comece com uma fatia de halloumi, cubra com camadas de vegetais e termine com outra fatia do queijo. Prenda com um palito de dente para segurar as duas partes, mas lembre-se de retirá-lo antes de servir.

HAMBÚRGUER DE TOFU E FEIJÃO

PARA DAR MAIS SABOR AO SANDUÍCHE, USE VARIEDADES DE TOFU MARINADAS OU DEFUMADAS. AMBAS PODEM SER ENCONTRADAS EM MERCADOS OU LOJAS DE PRODUTOS NATURAIS. O HAMBÚRGUER FICA MAIS CROCANTE SE VOCÊ FRITÁ-LO ANTES DE GRELHAR.

- 2 colheres (sopa) de azeite
- 1 cebola picada
- 1 dente de alho amassado
- 2 colheres (chá) de coentro em pó
- 1 colher (chá) de cominho em pó
- 420 g de feijão-roxinho cozido e escorrido
- 200 g de tofu marinado ou defumado lavado, escorrido e cortado em cubos médios
- 75 g de farinha de rosca integral feita na hora*
- 50 g de pasta de amendoim crocante
- 2 colheres (sopa) de coentro picado na hora
- 1 ovo batido levemente
- sal marinho e pimenta-do-reino moída na hora
- farinha de trigo, para polvilhar
- 2 pães de hambúrguer integrais cortados ao meio
- óleo de amendoim, para fritar
- ervas frescas, para servir
- molho de pimenta suave, para servir

4 porções

★ Em uma frigideira, aqueça o azeite e refogue a cebola, o alho e as especiarias por 10 minutos, até a cebola ficar macia, mas sem dourar. Espere esfriar. Coloque o refogado no processador com o feijão-roxinho, o tofu, a farinha de rosca, a pasta de amendoim, o coentro, o ovo, sal marinho e pimenta-do-reino e bata até ficar homogêneo. Transfira para uma tigela, cubra e leve à geladeira por 30 minutos.

★ Com as mãos úmidas, divida a massa em oito porções e modele os hambúrgueres. Polvilhe-os levemente com farinha de trigo. Em uma frigideira, aqueça uma camada fina de óleo de amendoim e frite os discos por 3-4 minutos de cada lado, até ficarem crocantes e quentes por igual.

★ Preaqueça a churrasqueira/grelha. Grelhe os hambúrgueres por alguns minutos de cada lado para deixá-los com um sabor defumado extra.

★ Toste levemente os pães na churrasqueira/grelha e cubra cada metade com dois hambúrgueres, ervas frescas e um pouco de molho de pimenta. Sirva quente.

* Coloque no processador 100 g de pão amanhecido bem seco, e bata até obter uma farofa.

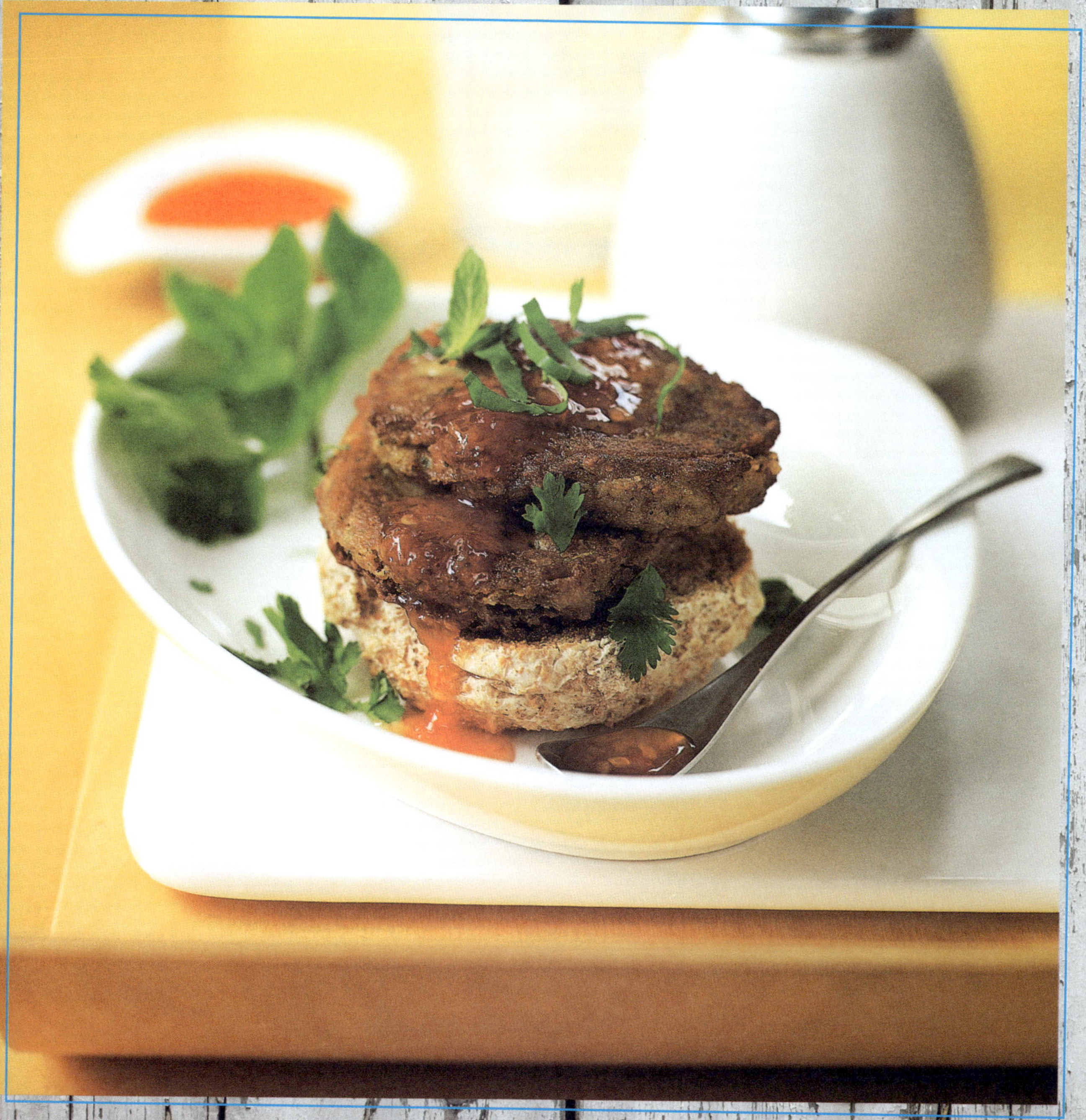

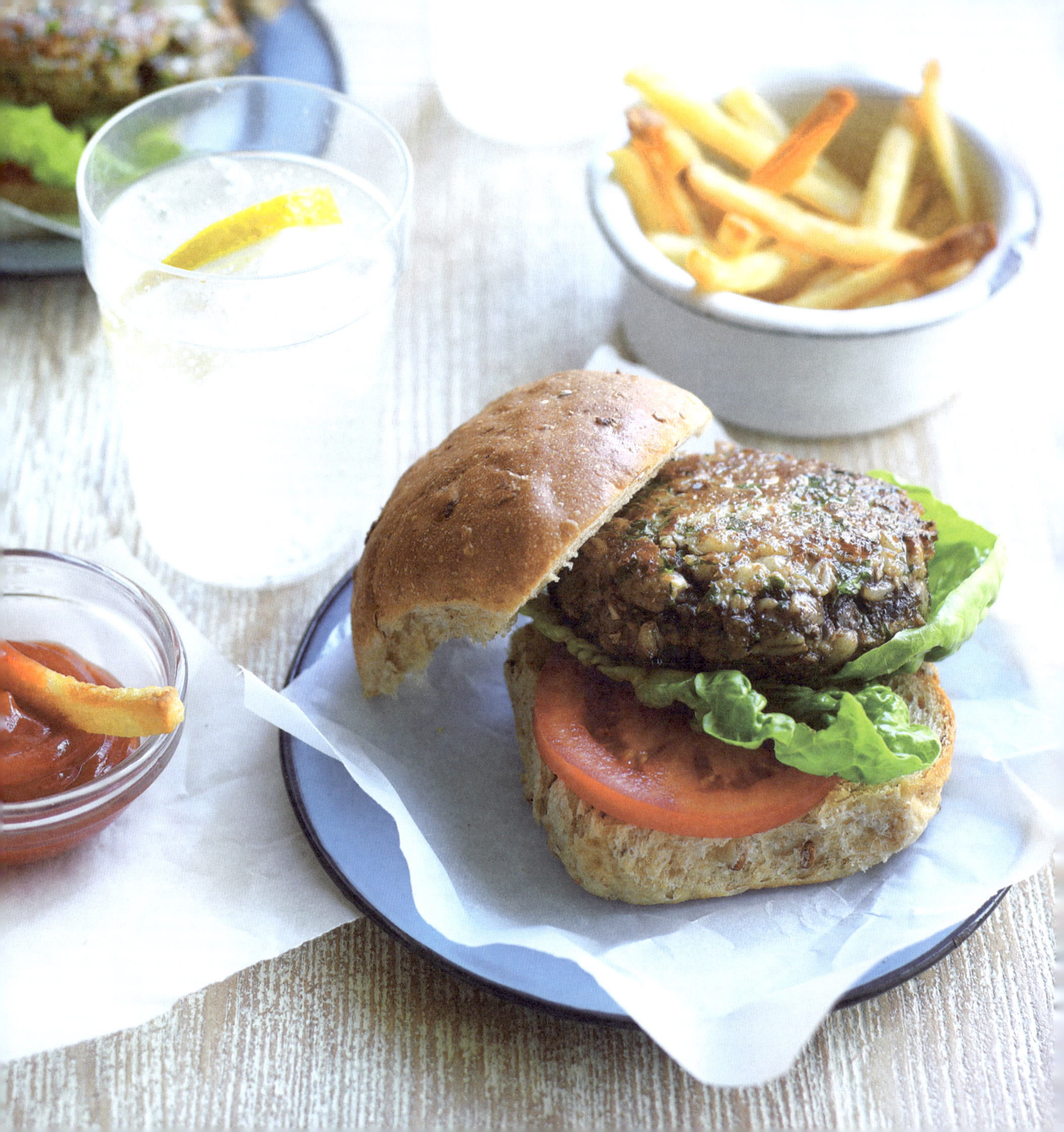

HAMBÚRGUER DE CHAMPIGNON E CEVADA

ESSES SANDUÍCHES SÃO PERFEITOS PARA ALIMENTAR UM GRUPO DE AMIGOS FAMINTOS: OS INGREDIENTES SIMPLES FAZEM SUCESSO, E A CEVADA DEIXA O HAMBÚRGUER COM UMA TEXTURA FIRME E CROCANTE. SIRVA COM OS ACOMPANHAMENTOS TRADICIONAIS.

65 g de cevada lavada e escorrida

1 fatia de pão integral

1 cebola pequena

2 colheres (sopa) de azeite extravirgem

225 g de champignon fresco aparado e cortado ao meio

folhas de alguns ramos de salsa

2 ovos

1 colher (sopa) de molho de soja ou tamari

50 g de cheddar ralado na hora

1 colher (sopa) de manteiga sem sal

sal marinho e pimenta-do-reino moída na hora

9 pãezinhos integrais

para servir
folhas de alface
tomate em fatias
ketchup
maionese
picles de pepino

9 unidades

★ Em uma panela, coloque a cevada e cubra com água fria. Junte uma pitada de sal marinho e leve ao fogo até ferver. Reduza a temperatura e cozinhe por cerca de 35-45 minutos, até ficar macia. Escorra e reserve.

★ Passe a fatia de pão pelo processador, para obter migalhas. Transfira para uma tigela e reserve.

★ Pique bem a cebola no processador. Transfira para uma frigideira antiaderente e refogue com 1 colher (sopa) de azeite em fogo baixo, até ficar macia.

★ Coloque o champignon e a salsa no processador. Pique bem e reserve.

★ Em uma tigela, bata os ovos com uma boa pitada de sal marinho. Junte a mistura de champignon, a cevada, a cebola, as migalhas de pão, o molho de soja ou tamari e o queijo; mexa bem.

★ Preaqueça a churrasqueira/grelha. Em uma frigideira grande antiaderente, aqueça a manteiga e o azeite restante. Frite porções de hambúrguer do tamanho de uma laranja pequena, algumas de cada vez, e achate delicadamente com as costas de uma espátula. Frite de um lado por 3 minutos, até dourar, então vire e deixe por mais 3 minutos. Transfira para a churrasqueira/grelha e grelhe por 1 minuto de cada lado. Sirva quente, com o pãozinho e os acompanhamentos.

HAMBÚRGUER DE RAÍZES COM QUEIJO

⅓ de abóbora-cheirosa descascada e picada

1 batata-doce descascada e picada

1 batata pequena descascada e picada

1 cenoura picada

½ cebola roxa picada

1 dente de alho picado

uma pitada grande de tomilho seco

40 g de cheddar maduro ralado na hora

sal marinho e pimenta-do-reino moída na hora

Maionese de mostarda extraforte (p. 46)

salada verde mista, para servir

2 unidades

NÃO É NECESSÁRIO PÃO PARA ACOMPANHAR ESSES HAMBÚRGUERES, UMA VEZ QUE ELES JÁ SÃO REPLETOS DE RAÍZES APETITOSAS. SIRVA COM MAIONESE DE MOSTARDA EXTRAFORTE (P. 46).

★ Ferva água em uma panela grande. Adicione a abóbora-cheirosa, a batata-doce, a batata, a cenoura, a cebola roxa e o alho; cozinhe por cerca de 10 minutos, até os ingredientes ficarem macios. Escorra e amasse bem com um espremedor de batata. Junte o tomilho, uma pitada de sal e pimenta-do-reino. Misture com as mãos, para incorporar os ingredientes por igual.

★ Divida a massa ao meio e forme dois discos. Pressione-os, para deixá-los planos, e passe-os no cheddar, que deve aderir aos hambúrgueres.

★ Preaqueça a churrasqueira/grelha e o grill do forno na temperatura média-quente.

★ Coloque os hambúrgueres em uma assadeira untada e leve-os ao forno por 2-3 minutos de cada lado, até o queijo borbulhar. Retire-os do forno e transfira-os direto para a churrasqueira/grelha; deixe por 3-4 minutos, até dourar.

★ Espere esfriar um pouco e sirva com Maionese de mostarda extraforte e uma salada verde mista.

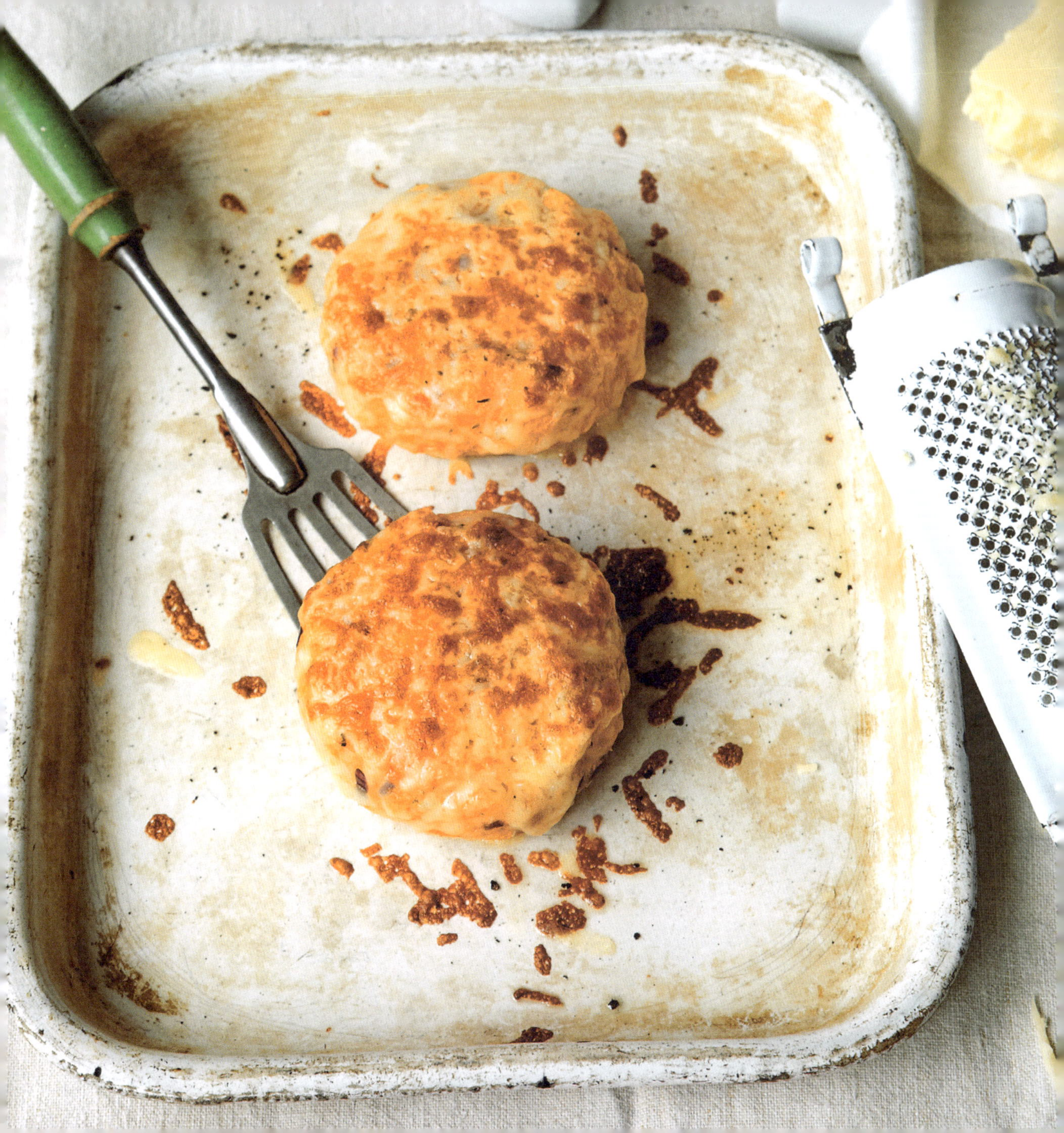

CAPÍTULO 4
ACOMPANHAMENTOS

ABOBRINHA GRELHADA

ABOBRINHA É O VEGETAL PERFEITO PARA A CHURRASQUEIRA: ELA MANTÉM O FORMATO, ADQUIRE AS MARCAS DA GRELHA, FICA MACIA E ABSORVE BEM OS TEMPEROS. EM APENAS ALGUNS MINUTOS, VOCÊ TEM UM ACOMPANHAMENTO QUENTE SABOROSO, PRONTO PARA IR À MESA.

8 abobrinhas cortadas no sentido do comprimento em fatias de 1 cm

azeite

vinagre balsâmico

sal marinho e pimenta-do-reino moída na hora

8 porções

★ Preaqueça a churrasqueira/grelha.

★ Grelhe as fatias de abobrinha por 3-4 minutos de cada lado, até adquirir as marcas da grelha e ficar macia. Transfira para um prato e tempere com azeite, vinagre balsâmico, sal e pimenta-do-reino. Sirva quentes, mornas ou frias.

MILHO-VERDE GRELHADO
com sal de pimenta

6 espigas de milho-verde sem a palha

2 colheres (sopa) de azeite extravirgem, mais um pouco para servir

3 pimentas-ancho*

1½ colher (sopa) de sal marinho, mais um pouco para cozinhar

3 limões-taiti em cunhas

6 porções

UMA DAS PIMENTAS MAIS POPULARES NO TEMPERO DO CHURRASCO É A ANCHO, VERSÃO DESIDRATADA DA POBLANO. QUANDO MOÍDA, TEM SABOR DEFUMADO E ARDÊNCIA MÉDIA. É DELICIOSA COMBINADA COM O SABOR ADOCICADO DO MILHO.

★ Apare o milho-verde. Ferva água levemente salgada em uma panela, junte as espigas e cozinhe-as por 1-2 minutos. Escorra e resfrie-as na água corrente. Seque com papel-toalha.

★ Preaqueça a churrasqueira/grelha. Pincele as espigas de milho com azeite e grelhe-as por 5-7 minutos, virando com frequência até tostarem por igual.

* Enquanto isso, retire o talo e as sementes da pimenta. Pique grosseiramente a polpa e triture em um almofariz ou moedor de especiarias até obter um pó. Transfira para uma tigela pequena e misture o sal.

★ Esfregue vigorosamente as cunhas de limão nas espigas de milho. Polvilhe com o sal de pimenta e regue com azeite.

*Pode-se substituir a pimenta-ancho por 2 colheres (sopa) de páprica picante.

BATATA ASSADA NA BRASA

É UM CLÁSSICO EM CHURRASCOS, ÓTIMO PARA FESTAS AO AR LIVRE OU ACAMPAMENTOS. DEVE FICAR CROCANTE POR FORA E MACIA POR DENTRO. AMASSE UM POUCO DA POLPA DA BATATA COM UM GARFO E JUNTE UM POUCO DE QUEIJO RALADO – OU SIRVA APENAS COM MANTEIGA, SAL E PIMENTA-DO-REINO.

4 batatas* médias para assar, como king edward e desirée

manteiga

sal marinho e pimenta-do-reino moída na hora

4 porções

★ Preaqueça a churrasqueira/grelha.

★ Embrulhe cada batata em uma camada dupla de papel-alumínio. Assim que o carvão ficar vermelho e brilhante, coloque as batatas sobre ele. Distribua as brasas em volta das batatas, mas sem cobri-las. Depois de cerca de 25 minutos, use um pegador para virá-las e deixe-as por mais 25-30 minutos, até assarem por inteiro.

★ Retire-as do fogo e, com cuidado, descarte o papel-alumínio. Corte-as ao meio e sirva cobertas com manteiga, sal e pimenta-do-reino.

* Duas opções de batata para assar são a ágata e a baraka.

PAPELOTE DE BATATA-DOCE COM GERGELIM

A BATATA-DOCE É PERFEITA PARA CHURRASCOS PORQUE FICA PRONTA RÁPIDO, SEM PRECISAR SER PRÉ-COZIDA. QUANDO TEMPERADA E ENVOLTA EM PAPEL-ALUMÍNIO, ASSA NO VAPOR E ABSORVE OS SABORES DO MOLHO. CUIDADO PARA NÃO DEIXÁ-LA QUEIMAR ATRAVÉS DO PAPEL-ALUMÍNIO NOS LUGARES EM QUE FICA EM CONTATO DIRETO COM O CALOR. A RECEITA INDICA PAPELOTES INDIVIDUAIS, MAS VOCÊ PODE PREPARAR UM SÓ GRANDE. MONTE-OS ANTES E MANTENHA-OS EM UM CANTO DA CHURRASQUEIRA/GRELHA PARA CONTINUAREM AQUECIDOS.

4 batatas-doces grandes descascadas e cortadas em 4-5 rodelas

1-2 colheres (sopa) de óleo

1-2 colheres (sopa) de molho de soja ou tamari

1 colher (sopa) de sementes de gergelim

1 colher (sopa) de salsa picada na hora, para servir

4 porções

★ Preaqueça a churrasqueira/grelha.

★ Coloque a batata-doce em uma tigela com o óleo, o molho de soja ou tamari e as sementes de gergelim. Misture bem. Divida as rodelas entre quadrados grandes de papel-alumínio e feche bem os pacotes. Transfira-os para a churrasqueira/grelha e asse-os por 20-30 minutos, ou até a batata-doce ficar macia.

★ Na hora de servir, abra o pacote e polvilhe a batata-doce com um pouco de salsa.

BATATA-DOCE RÚSTICA

2 batatas-doces com casca e cortadas em cunhas

azeite, para regar

sal marinho e pimenta-do-reino moída na hora

tempero cajun em pó (opcional)

ketchup, para servir

assadeira untada

2 porções

O ACOMPANHAMENTO ESSENCIAL PARA QUALQUER HAMBÚRGUER VEGETARIANO É A BATATA-DOCE EM CUNHAS. VOCÊ PODE PREPARAR ESSA RECEITA SAUDÁVEL NO FORNO ENQUANTO A CHURRASQUEIRA, LÁ FORA, GRELHA ESPETINHOS E OUTRAS DELÍCIAS.

★ Preaqueça o forno a 180°C.

★ Ferva uma panela grande de água. Junte a batata-doce e cozinhe por cerca de 5 minutos. Retire e transfira para a assadeira.

★ Regue com um pouco de azeite, tempere com pimenta-do-reino e tempero cajun e mexa para cobrir.

★ Asse por 25 minutos, até dourar e ficar crocante. Chacoalhe a assadeira com frequência, para que a batata-doce doure por igual, sem grudar.

★ Retire do fogo, polvilhe com sal e sirva imediatamente com bastante ketchup.

BATATA CASEIRA CLÁSSICA

ALGUMAS CRIANÇAS NÃO COMEM HAMBÚRGUER SEM BATATA FRITA – E, PROVAVELMENTE, ALGUNS ADULTOS TAMBÉM NÃO. ASSAR, E NÃO FRITAR, DEIXA O PRATO SABOROSO E MAIS SAUDÁVEL. SIRVA COM MOLHOS TRADICIONAIS À SUA ESCOLHA.

2 batatas farinhentas* cortadas em tiras

azeite, para regar

sal marinho e pimenta-do-reino moída na hora

assadeira untada

2 porções

★ Preaqueça o forno a 180°C.

★ Ferva uma panela grande de água. Junte a batata e cozinhe por cerca de 5 minutos. Retire e transfira para a assadeira.

★ Regue a batata com um pouco de azeite, tempere com sal e pimenta-do-reino e mexa para cobrir. Asse por 25 minutos, até dourar e ficar crocante.

★ Chacoalhe a assadeira com frequência, para que a batata doure por igual, sem grudar.

★ Retire, polvilhe com sal e sirva imediatamente.

* Pode-se usar a batata asterix.

ALHO-PORÓ NA GRELHA
com molho tarator

TARATOR, O MOLHO SERVIDO NESSA RECEITA, É TÍPICO DA COZINHA DO ORIENTE MÉDIO. ELE COMPLEMENTA DE MANEIRA PERFEITA O ALHO-PORÓ DEFUMADO E TOSTADO, MAS TAMBÉM PODE SER REGADO SOBRE BERINJELAS GRELHADAS.

750 g de alho-poró aparado e cortado ao meio no sentido do comprimento

2-3 colheres (sopa) de azeite extravirgem

sal marinho

cunhas de limão-siciliano, para servir

molho tarator

50 g de macadâmia tostada

25 g de farinha de rosca

2 dentes de alho amassados

100 ml de azeite extravirgem

1 colher (sopa) de suco de limão-siciliano espremido na hora

2 colheres (sopa) de água fervente

sal marinho e pimenta-do-reino moída na hora

4 porções

★ Para o molho, coloque a macadâmia no processador e bata grosseiramente. Junte a farinha de rosca, o alho, sal e pimenta-do-reino a gosto; processe mais uma vez, até obter uma pasta homogênea. Transfira para uma tigela e, lentamente, misture o azeite, o suco de limão-siciliano e a água, batendo com um garfo até obter um molho. Prove e ajuste o sal e a pimenta-do-reino, se necessário.

★ Preaqueça a churrasqueira/grelha.

★ Pincele o alho-poró com um pouco de azeite, tempere com sal e grelhe por 6-10 minutos, virando de vez em quando, até ficar tostado e macio. Transfira para o prato de servir, regue com azeite e distribua o molho por cima. Sirva com as cunhas de limão-siciliano.

RATATOUILLE

1 kg de berinjela cortada em pedaços de 4 cm

6-7 colheres (sopa) de azeite extravirgem

2 cebolas médias picadas grosseiramente

2 pimentões vermelhos sem sementes e picados

2 pimentões amarelos sem sementes e picados

1 pimentão verde sem sementes e picado

6 abobrinhas pequenas cortadas ao meio no sentido do comprimento e fatiadas

4 dentes de alho amassados

6 tomates médios cortados ao meio, sem sementes e picados

um maço pequeno de manjericão fresco picado grosseiramente

sal marinho

folhas de manjericão fresco bem picadas, para servir

1 dente de alho amassado, para servir

4-6 porções

NA RATATOUILLE TRADICIONAL, OS VEGETAIS SÃO COZIDOS DENTRO DE UMA CAÇAROLA NO FOGÃO. NESSA VERSÃO, GRELHAMOS OS LEGUMES ANTES DE COZINHÁ-LOS PARA ADQUIRIREM UM SABOR DEFUMADO – E ISSO LIBERA O ESPAÇO REDUZIDO DA CHURRASQUEIRA/GRELHA PARA O PREPARO DE OUTRAS RECEITAS.

★ Coloque a berinjela e 3 colheres (sopa) de água em uma vasilha que possa ir ao micro-ondas; cozinhe em potência alta por 6 minutos. Escorra e reserve.

★ Em uma caçarola grande, de preferência de cerâmica, com tampa, aqueça 3 colheres (sopa) de azeite e refogue a cebola por 3-5 minutos, até ficar macia. Tempere levemente com sal. Junte os pimentões e deixe por 5-8 minutos, mexendo sempre. Aumente o fogo para manter o chiado do refogado, mas tome cuidado para não queimar. Salgue um pouco. Acrescente 1 colher (sopa) de azeite e a abobrinha. Misture e deixe por 5 minutos, mexendo de vez em quando. Adicione sal. Junte 2 colheres (sopa) de azeite e a berinjela e refogue por 5 minutos. Acerte o sal. Acrescente o alho e deixe por 1 minuto. Adicione mais 1 colher (sopa) de azeite, se necessário, o tomate e o manjericão. Mexa, deixe mais 5 minutos e tampe. Diminua o fogo e cozinhe por 30 minutos, verificando às vezes.

★ Retire a caçarola do fogo. A ratatouille fica melhor em temperatura ambiente, mas também é saborosa quente. Quanto mais tempo repousar, mais intensos os seus sabores. Acrescente o manjericão e o alho restantes na hora de servir.

ACOMPANHAMENTOS

ABÓBORA ASSADA com limão e especiarias

ESSA É UMA MANEIRA EXCELENTE DE SABOREAR A ABÓBORA. SIRVA SUAS FATIAS PICANTES SOZINHAS, REGADAS COM IOGURTE, OU COM QUALQUER UM DOS HAMBÚRGUERES VEGETARIANOS DAS PP. 44-63. GUARDE AS SEMENTES DA ABÓBORA E ASSE-AS LEVEMENTE COM AZEITE E SAL MARINHO PARA SERVIR COMO PETISCO.

1 abóbora-moranga média cortada ao meio no sentido do comprimento, sem sementes e fatiada em 6-8 cunhas

2 colheres (chá) de sementes de coentro

1 colher (chá) de sementes de cominho

1 colher (chá) de sementes de erva-doce

1-2 colheres (chá) de canela em pó

2 pimentas-malaguetas secas picadas

2 dentes de alho

2 colheres (sopa) de azeite

sal marinho

raspas finas de 1 limão-taiti

6 espetinhos de metal, para servir (opcional)

6 porções

★ Preaqueça o forno a 200°C.

★ Em um almofariz, triture todas as especiarias com o sal. Junte o alho e um pouco do azeite, para formar uma pasta. Esfregue a mistura nas cunhas de abóbora e coloque-as em uma assadeira com a casca voltada para baixo. Asse por 35-40 minutos, ou até ficar macia.

★ Polvilhe as cunhas com as raspas de limão-taiti – se quiser, arrume-as nos espetinhos. Sirva quente.

CUSCUZ MARROQUINO AMANTEIGADO

ESSA É UMA RECEITA BÁSICA QUE PODE SER INCREMENTADA COM ERVAS FRESCAS, UMA PASTA PICANTE OU PINHOLES E FRUTAS SECAS DE SUA PREFERÊNCIA.

350 g de cuscuz marroquino lavado e escorrido

400 ml de água morna com ½ colher (chá) de sal marinho

2 colheres (sopa) de óleo de girassol ou azeite

25 g de manteiga cortada em cubinhos

4-6 porções

★ Preaqueça o forno a 180°C.

★ Coloque o cuscuz marroquino em um refratário e cubra-o com a água morna. Reserve por cerca de 10 minutos, para absorver o líquido. Com os dedos, esfregue os grãos com o óleo de girassol ou o azeite para quebrar os grumos e deixar aerado.

★ Distribua a manteiga na superfície do cuscuz marroquino e cubra com um pedaço de papel-alumínio ou papel-manteiga umedecido. Leve ao forno por 15 minutos, para aquecer. Antes de servir, afofe os grãos com um garfo.

TRIGUILHO COM GHEE

ESSES GRÃOS FICAM DELICIOSOS QUANDO SERVIDOS COM KEBABS. VOCÊ PODE ACRESCENTAR À RECEITA BÁSICA VEGETAIS EM CUBOS, ESPECIARIAS OU SEMENTES DE ROMÃ.

2 colheres (sopa) de ghee ou 1 colher (sopa) de azeite com 1 colher (chá) de manteiga

2 cebolas picadas

350 g de triguilho bem lavado e escorrido

600 ml de caldo de legumes ou de galinha ou água

sal marinho e pimenta-do-reino moída na hora

4-6 porções

★ Derreta o ghee ou o azeite misturado com a manteiga em uma panela de fundo grosso. Junte a cebola e refogue até ficar macia. Acrescente o triguilho, mexendo bem para misturar à cebola.

★ Adicione o caldo ou a água, tempere e misture. Ferva por 1-2 minutos, diminua o fogo e cozinhe, sem tampar, até o triguilho absorver todo o líquido. Desligue o fogo, cubra a panela com um pano de prato limpo e pressione a tampa por cima dele.

★ Deixe no vapor por mais 10-15 minutos. Antes de servir, afofe com um garfo.

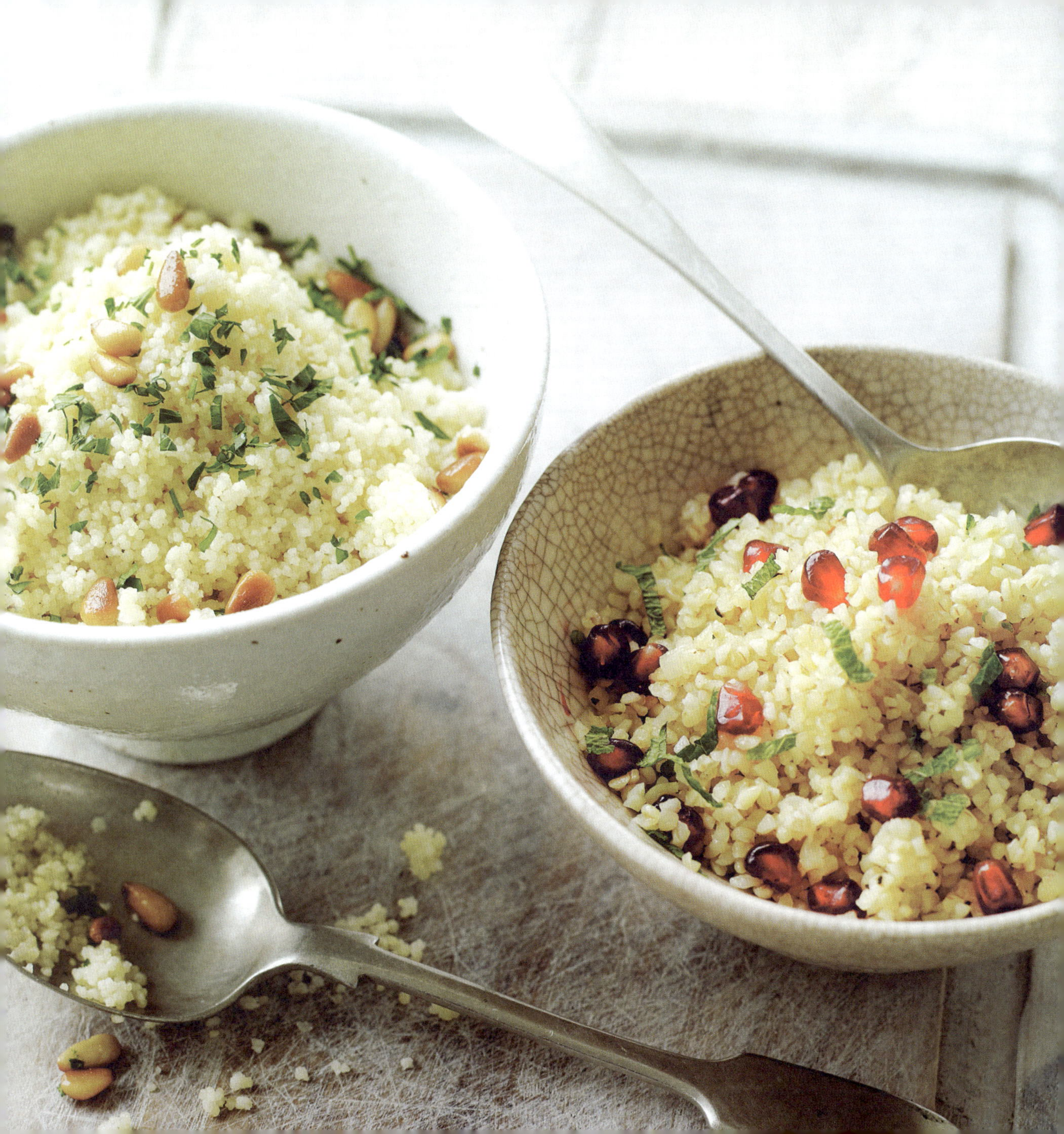

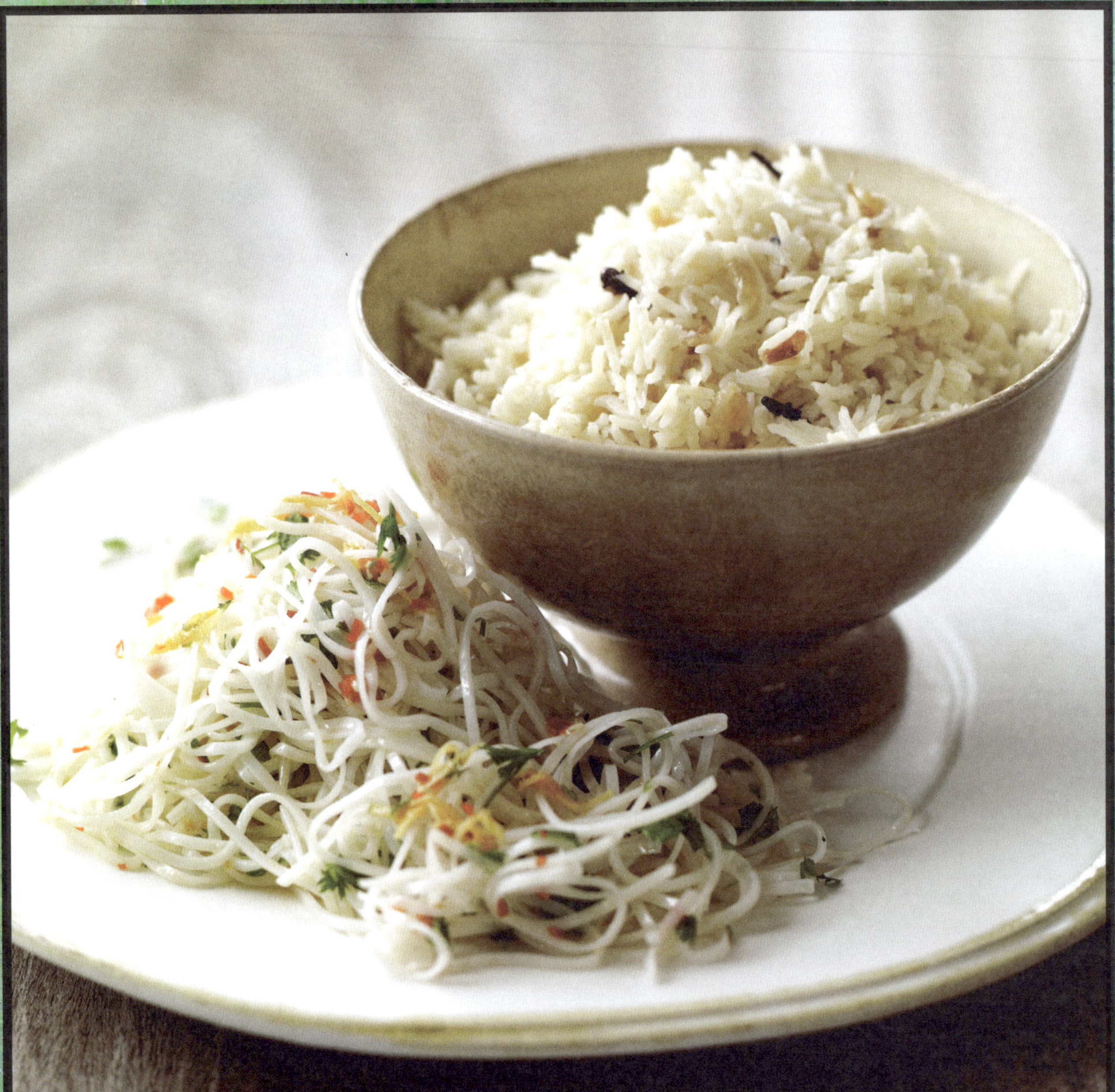

MACARRÃO DE ARROZ
com gengibre e pimenta

EIS UM ÓTIMO ACOMPANHAMENTO PARA UMA RECEITA COM TOQUE ORIENTAL, COMO O SATAY PICANTE DE TOFU COM MOLHO DE SOJA ESPECIAL (P. 39). CASO DESEJE UM PRATO PRINCIPAL CRIATIVO, ACRESCENTE REPOLHO, CENOURA, BROTO DE FEIJÃO E AMENDOIM.

225 g de macarrão vermicelli ou harussame

1-2 colheres (sopa) de óleo vegetal

2,5 cm de gengibre descascado e bem picado

1-2 pimentas-malaguetas sem sementes e bem picadas

1-2 dentes de alho bem picados

3-4 colheres (sopa) de molho de soja

2-3 colheres (chá) de mel

um maço pequeno de coentro picado na hora

4 porções

★ Hidrate o macarrão em água, de acordo com as instruções da embalagem. Aqueça o óleo em um wok ou frigideira grande. Junte o gengibre, a pimenta-malagueta e o alho e refogue, mexendo sempre, até desprender o aroma e começar a dourar.

★ Acrescente o macarrão hidratado, o molho de soja e o mel. Mexa bem. Adicione o coentro, misture e sirva imediatamente.

ARROZ PILAFE

A RECEITA PODE SER INCREMENTADA COM OUTROS INGREDIENTES, COMO NOZES, GENGIBRE E COCO. CÚRCUMA EM PÓ OU AÇAFRÃO PODEM DAR AO PRATO UM AROMA ESPECIAL E UMA COR AMARELA INTENSA.

1-2 colheres (sopa) de ghee ou 1 colher (sopa) de azeite com 1 colher (chá) de manteiga

1 cebola picada

1 colher (chá) de açúcar

4-6 bagas de cardamomo amassadas, para exalar o aroma das sementes

4 cravos

450 g de arroz de grãos longos lavado e hidratado em água por 30 minutos

600 ml de água com 1 colher (chá) de sal marinho

4-6 porções

★ Em uma panela de fundo grosso, aqueça o ghee ou o azeite misturado com a manteiga em fogo médio. Junte a cebola e o açúcar e refogue até dourar. Acrescente o cardamomo, o cravo e o arroz; mexa para envolver os grãos com o ghee. Cubra com a água e espere ferver.

★ Reduza o fogo e cozinhe por 15-20 minutos, sem tampar, até que o líquido seja absorvido. Desligue o fogo, cubra com um pano de prato limpo, tampe e deixe o arroz cozinhar no vapor por mais 10 minutos antes de afofar com um garfo e servir.

VEGETAIS ASSADOS À MODA DO ORIENTE MÉDIO com sementes de romã

NO ORIENTE MÉDIO, O BUFÊ DE MEZZE É O ACOMPANHAMENTO CLÁSSICO PARA ALIMENTOS FEITOS NA CHURRASQUEIRA OU NA GRELHA, COMO KEBABS. ESSE PRATO QUENTE (TAMBÉM CHAMADO DE SHAKSHUKA) TEM UMA COMBINAÇÃO INTERESSANTE DE LEGUMES E FRUTAS E É SERVIDO COM UM MOLHO DE IOGURTE E ALHO. AMPLIE O BUFÊ DE MEZZE COM BABAGANUCHE E HOMUS DE BATATA-DOCE (P. 11).

- 2 berinjelas descascadas parcialmente e cortadas em cunhas finas
- 2 abobrinhas descascadas parcialmente, cortadas ao meio e fatiadas no sentido do comprimento ou em cunhas
- 2 pimentões vermelhos ou amarelos sem sementes e cortados em quartos
- 100-200 ml de azeite
- 2 pêssegos firmes descascados e cortados em cunhas
- 8-10 tomates-cereja
- 1 colher (chá) de sementes de erva-doce tostadas
- 1 colher (chá) de sementes de coentro tostadas
- 500 g de iogurte denso e cremoso
- 2-3 dentes de alho amassados
- 2 colheres (sopa) de pinhole
- 2 colheres (sopa) de tahine batido até ficar com a consistência bem cremosa
- sementes de ½ romã
- sal marinho e pimenta-do-reino moída na hora

4-6 porções

★ Preaqueça o forno a 200°C.

★ Coloque a berinjela, a abobrinha e o pimentão vermelho em um refratário. Regue com o azeite e asse por 30 minutos, virando uma ou duas vezes. Acrescente o pêssego, o tomate-cereja e as especiarias – se necessário, um pouco mais de azeite – e leve de volta ao forno por 20 minutos.

★ Em uma tigela, bata o iogurte com o alho e tempere a gosto com sal e pimenta-do-reino. Em uma panela pequena de fundo grosso, toste o pinhole a seco, até dourar e exalar um aroma amendoado. Transfira para uma vasilha e reserve.

★ Quando os vegetais estiverem assados, coloque-os em um prato de servir. Regue com o molho de iogurte e o tahine e polvilhe com o pinhole e as sementes de romã. Sirva quente.

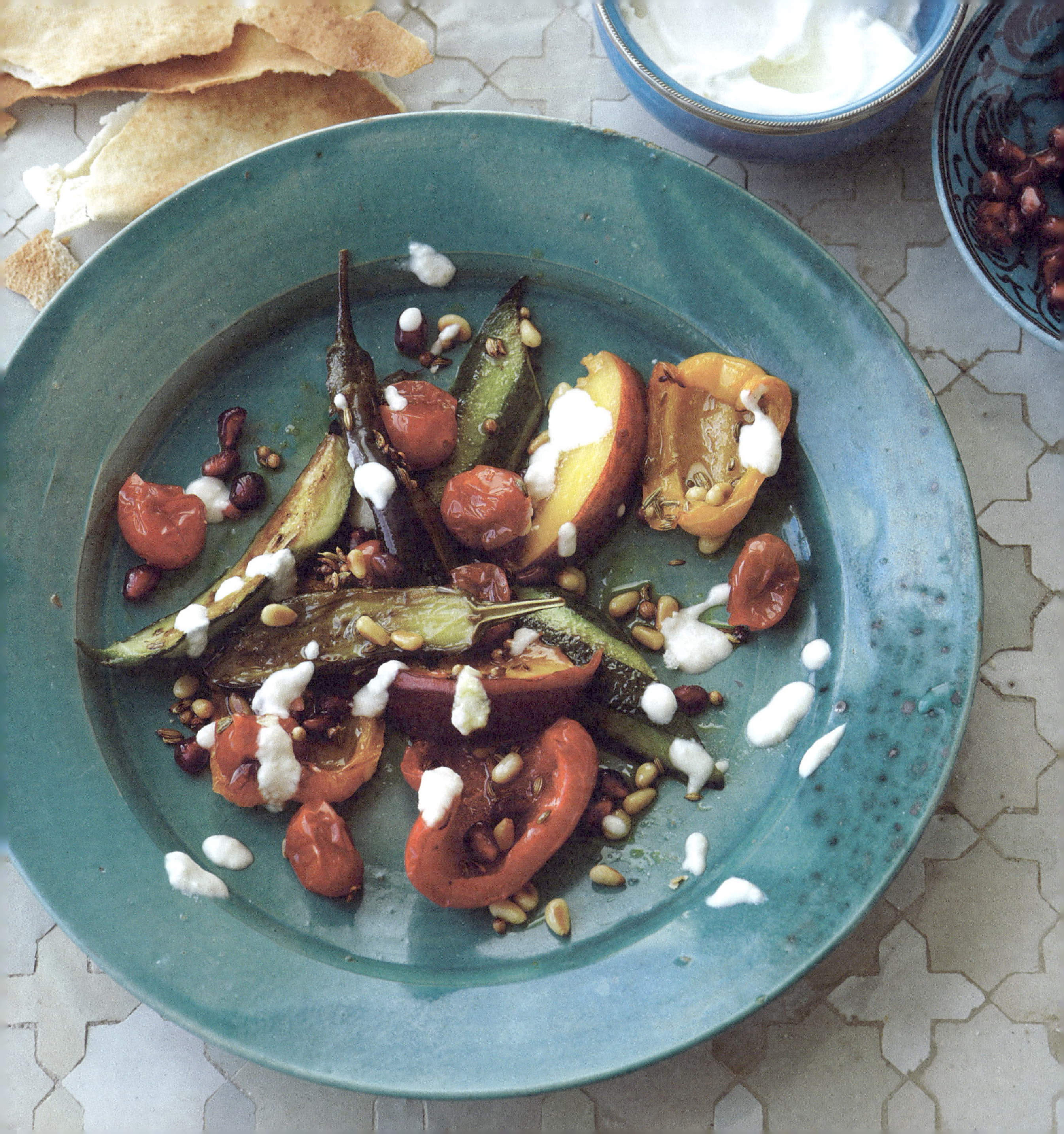

CENOURA E ERVA-DOCE FRITAS
com cominho e xarope de romã

MAIS ROBUSTA QUE UMA SALADA, EMBORA AINDA LEVE O SUFICIENTE PARA SERVIR COM GRELHADOS MAIS SUBSTANCIOSOS, ESSA RECEITA É UM ACOMPANHAMENTO QUE MERECE ENTRAR EM SEU REPERTÓRIO. O SABOR DA ERVA-DOCE CASA PERFEITAMENTE COM O XAROPE DOCE E FRUTADO E COM O LIMÃO EM CONSERVA ÁCIDO EM UM PRATO QUE APROVEITA O MELHOR DE CADA INGREDIENTE.

3 colheres (sopa) de azeite com 1 colher (chá) de manteiga

2 cenouras médias cortadas ao meio na horizontal e depois em fatias finas no sentido do comprimento

2 bulbos de erva-doce pequenos aparados e cortados em fatias finas

2 dentes de alho amassados

2 colheres (chá) de sementes de cominho

1 colher (chá) de sementes de erva-doce

1-2 colheres (chá) de açúcar

tiras finas da casca de ½ limão-siciliano em conserva (p. 34)

2 colheres (sopa) de xarope de romã

um punhado de endro bem picado na hora

um punhado de salsa bem picada na hora

sal marinho e pimenta-do-reino moída na hora

4 porções

★ Em uma panela larga de fundo grosso, aqueça o azeite e a manteiga. Refogue a cenoura e a erva-doce por cerca de 2 minutos, até dourarem. Junte o alho, as sementes de cominho e de erva-doce e o açúcar. Refogue por mais 1-2 minutos, até caramelizar levemente.

★ Tempere bem e transfira para um prato de servir. Espalhe as fatias de casca de limão-siciliano em conserva, regue com o xarope de romã e decore com o endro e a salsa. Sirva morno ou em temperatura ambiente.

BATATA NA CÚRCUMA
com limão e coentro

ESSA BATATA PODE SER SERVIDA FRIA, COMO PARTE DE UM BUFÊ COMPLETO, OU QUENTE, PARA ACOMPANHAR UM PRATO FEITO NA CHURRASQUEIRA OU NA GRELHA. É FÁCIL DE PREPARAR E MUITO SABOROSA – GRAÇAS À CÚRCUMA, AO ARDIDO DA PIMENTA-MALAGUETA E AO TOQUE REFRESCANTE DE LIMÃO.

★ Cozinhe a batata-bolinha no vapor por 10-15 minutos, até ficar *al dente*. Escorra e resfrie em água corrente. Descasque, coloque em uma tábua de madeira e corte em pedaços médios.

★ Em uma panela de fundo grosso, aqueça o azeite e a manteiga. Junte o alho, a pimenta-malagueta, as sementes de cominho e de coentro; refogue por cerca de 2-3 minutos antes de acrescentar a cúrcuma. Adicione a batata e a envolva nas especiarias, para adquirir a cor da cúrcuma. Junte o suco de limão e misture. Quando a panela estiver quase seca, acrescente a maior parte do coentro.

★ Tempere com sal e pimenta-do-reino e decore com o coentro restante. Sirva quente ou em temperatura ambiente.

---

450 g de batata-bolinha com casca

2 colheres (sopa) de azeite com 1 colher (chá) de manteiga

2-3 dentes de alho bem picados

1-2 colheres (chá) de pimenta-malagueta seca bem picada ou 1 pimenta-malagueta fresca sem sementes e bem picada

1-2 colheres (chá) de sementes de cominho

1-2 colheres (chá) de sementes de coentro

2 colheres (chá) de cúrcuma em pó

suco de 2 limões-taiti ou limões-sicilianos espremidos na hora

sal marinho e pimenta-do-reino moída na hora

um punhado de coentro picado na hora, para decorar

4-6 porções

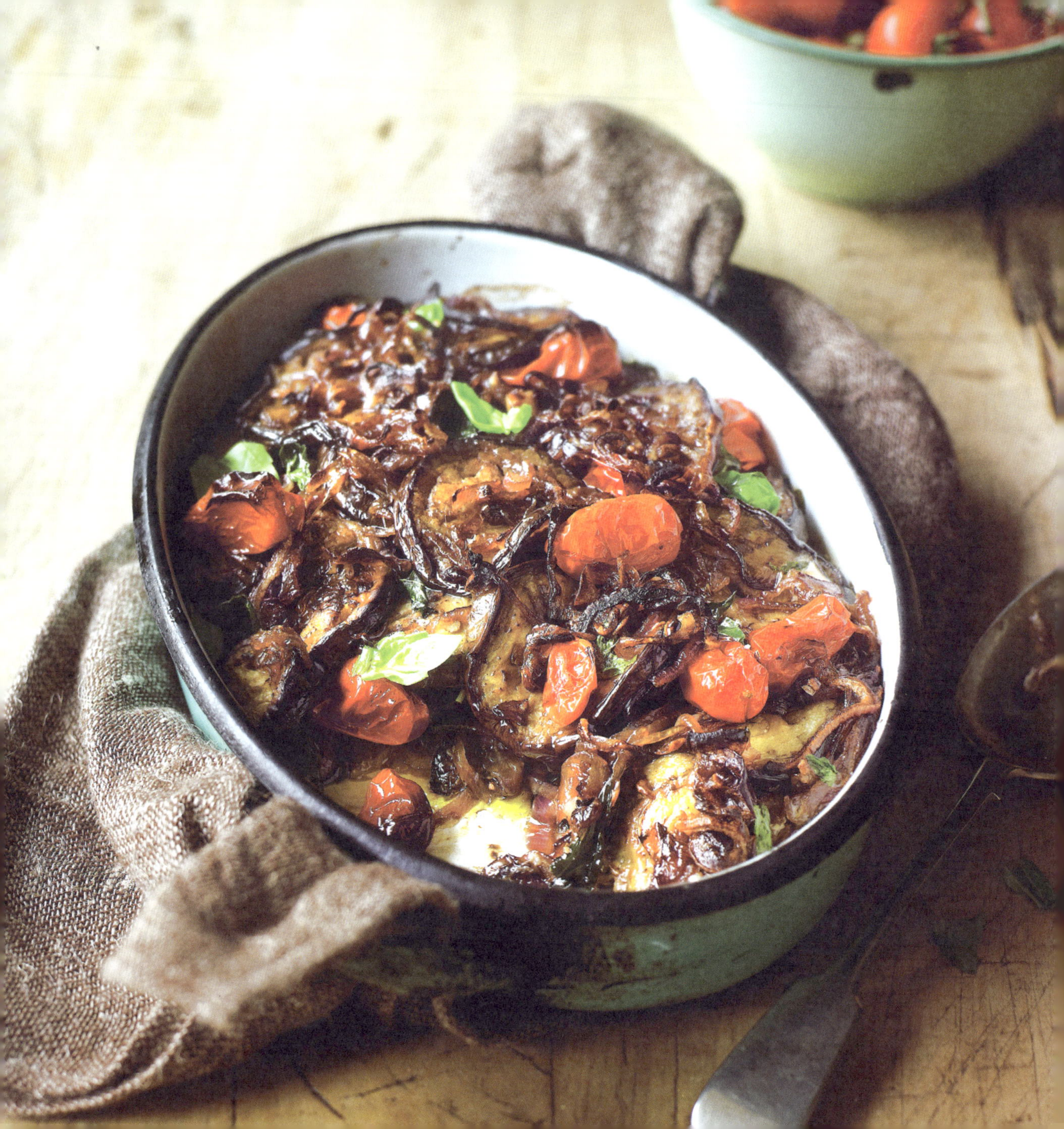

BERINJELA GRATINADA

A TEXTURA AVELUDADA DESSE PRATO PARECE ALERTAR: "NÃO É SAUDÁVEL", MAS A RECEITA LEVA VEGETAIS E APENAS UM POUCO DE CREME DE LEITE. A BERINJELA FICA DELICIOSA QUANDO BEM TEMPERADA – E O TOMATE, O AZEITE E AS ERVAS FAZEM COM QUE ELA BRILHE AINDA MAIS. PARA UMA OPÇÃO VEGANA, SUBSTITUA O CREME DE LEITE POR CREME DE SOJA SEM LATICÍNIOS.

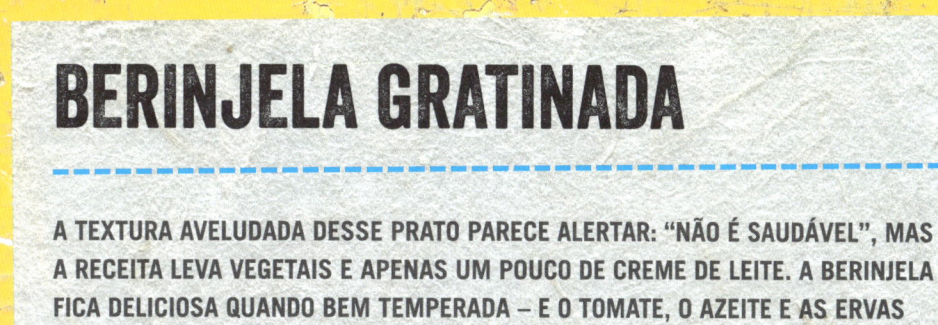

2 cebolas roxas em fatias

10 tomates-cereja maduros

azeite extravirgem

vinagre balsâmico

3 berinjelas aparadas e cortadas em rodelas de 1 cm

um punhado de folhas de manjericão fresco

6 colheres (sopa) de creme de leite light (100 ml)

sal marinho e pimenta-do-reino moída na hora

4-6 porções

* Preaqueça o forno a 200°C.

* Em um refratário, misture a cebola roxa e o tomate-cereja com um pouco de azeite, sal e um fio de vinagre balsâmico. Asse por cerca de 15 minutos, ou até a pele do tomate rachar e a cebola começar a caramelizar. Retire do forno, mas deixe-o ligado.

* Enquanto isso, aqueça uma panela em fogo médio. Com um pincel culinário, unte com azeite os dois lados das rodelas de berinjela. Frite até dourarem e ficarem macias. Transfira para uma vasilha e regue generosamente com azeite. Tempere bem com sal e pimenta-do-reino.

* Em uma caçarola refratária, de preferência de cerâmica, faça camadas de berinjela, tomate-cereja, cebola roxa e manjericão (reserve algumas folhas para servir). Regue com o creme de leite light e um pouco de azeite. Asse por 15-20 minutos, até borbulhar e dourar.

* Retire do forno. Rasgue as folhas de manjericão restantes e distribua sobre os ingredientes. Sirva imediatamente.

MAC'N'CHEESE com espinafre

QUANDO O CLIMA ESTÁ FRIO, O CHURRASCO PEDE UM ACOMPANHAMENTO MAIS SUBSTANCIOSO, DE PREFERÊNCIA COM QUEIJO NOS INGREDIENTES. ESSA VERSÃO DO TRADICIONAL MAC 'N' CHEESE AMERICANO TEM A VANTAGEM DE INCLUIR VEGETAIS NA RECEITA – TORNANDO O PRATO MAIS SAUDÁVEL E DISPENSANDO A OBRIGAÇÃO DE SERVIR TAMBÉM UMA SALADA.

50 g de manteiga

3 colheres (sopa) de farinha de trigo

600 ml de leite

100 g de cheddar ralado na hora, mais um pouco se desejar

150 g de espinafre cozido

300 g de macarrão caracolinho ou espiral

3-4 colheres (sopa) de farinha de rosca integral

sal marinho e pimenta-do-reino moída na hora

refratário untado generosamente

6-8 porções

★ Preaqueça o forno a 190°C.

★ Em uma panela, derreta a manteiga em fogo médio. Junte a farinha de trigo e refogue por 1 minuto, sem parar de mexer com uma colher de pau. Acrescente o leite aos poucos, mexendo sempre, e cozinhe por cerca de 5 minutos, até engrossar. Tempere um pouco, adicione o cheddar e mexa até derreter. Retire do fogo e adicione o espinafre. Prove e acerte os temperos. Se desejar, junte mais cheddar.

★ Cozinhe o macarrão de acordo com as instruções da embalagem. Escorra, coloque no refratário e cubra com o molho. Misture e distribua por igual na vasilha. Polvilhe com a farinha de rosca e asse por 20-30 minutos, até borbulhar. Sirva quente.

Variação: Outros vegetais, como alho-poró, podem substituir o espinafre – experimente usar o que você tiver no congelador, mas já em temperatura ambiente. Teste com grãos de milho-verde e brócolis ou couve-flor em floretes.

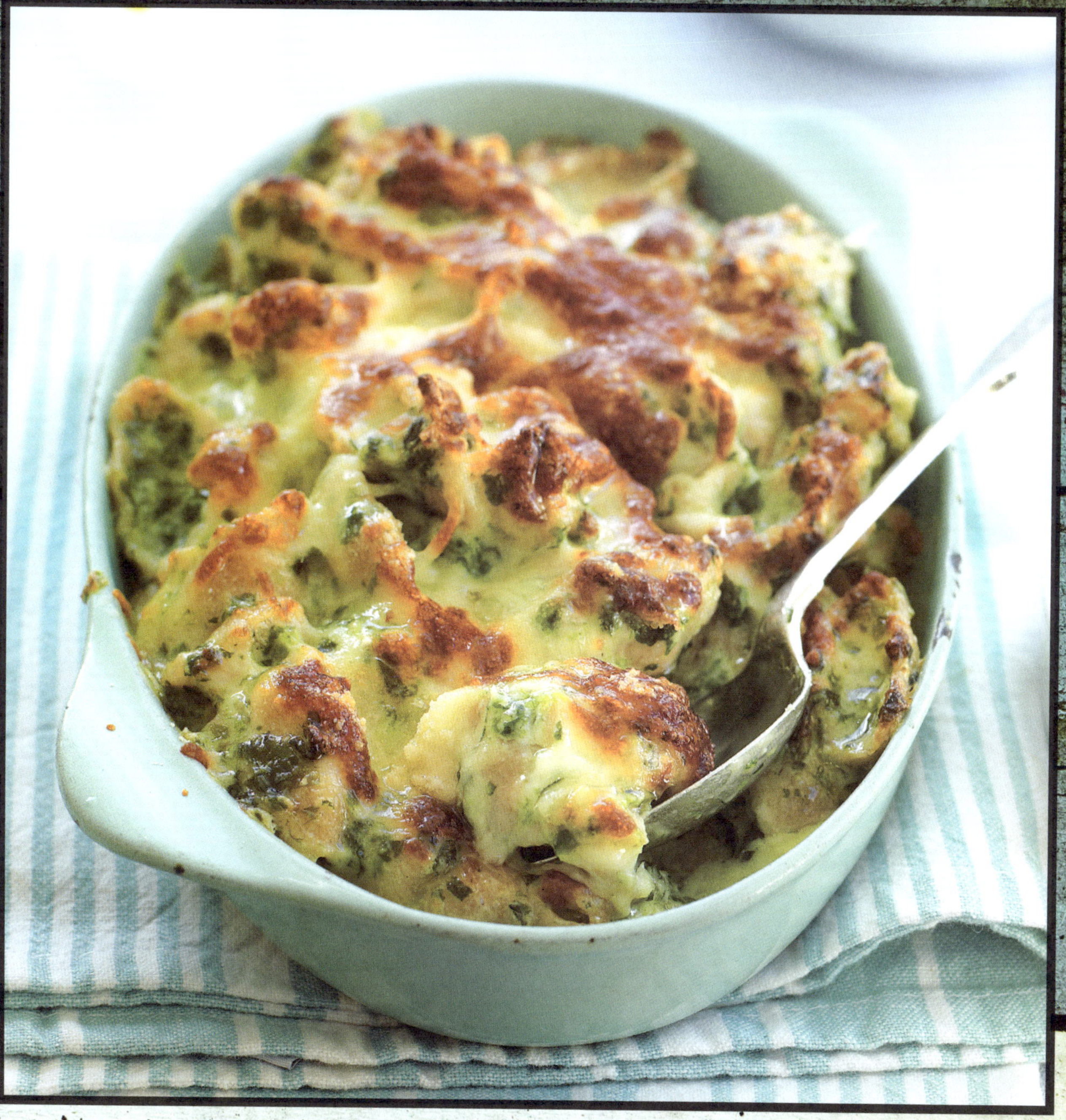

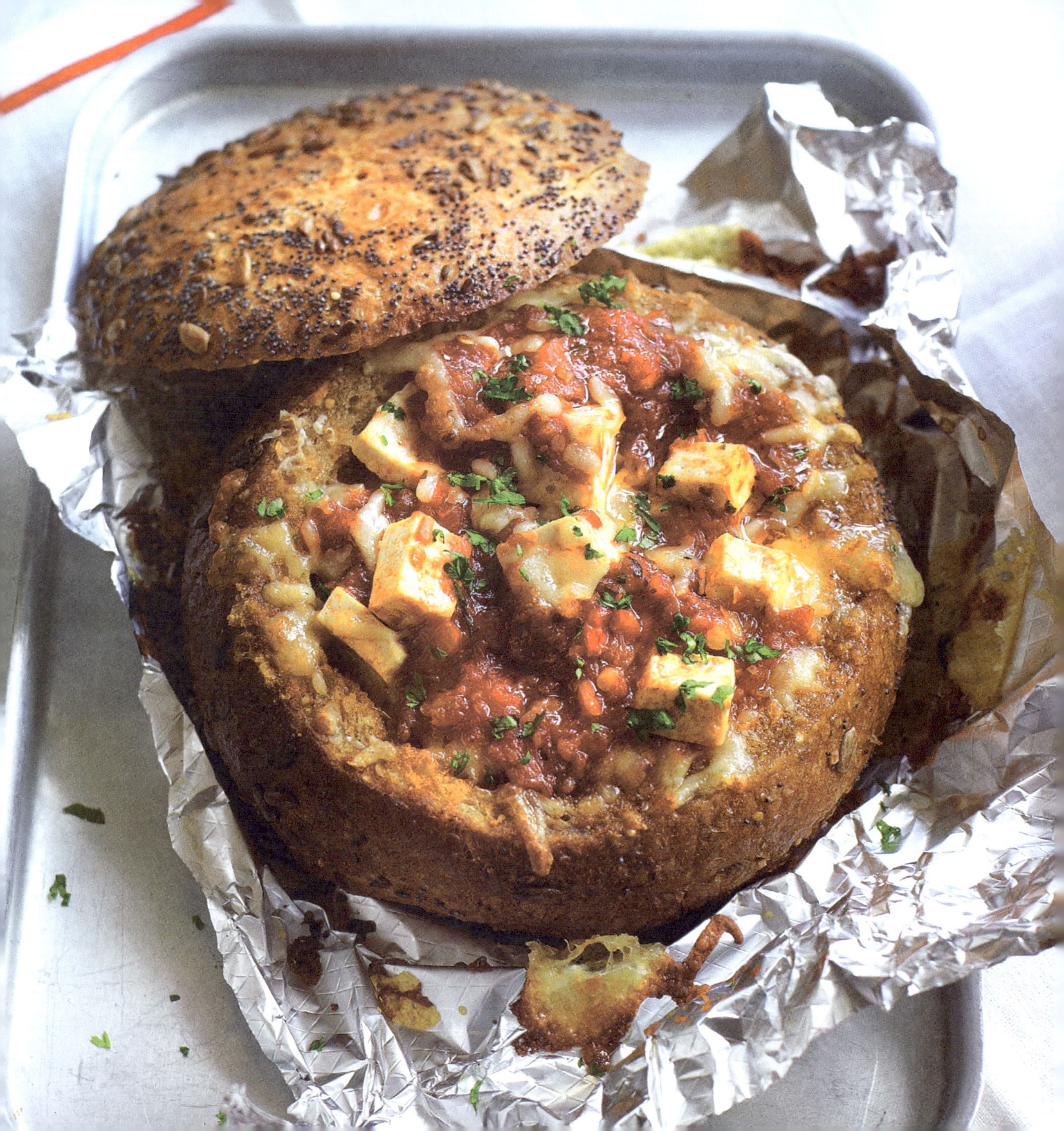

PÃO AO MOLHO BARBECUE

ESSA RECEITA RÚSTICA PODE FAZER UM POUCO DE SUJEIRA QUANDO SERVIDA, MAS ISSO É PARTE DA BRINCADEIRA. ESCORRA BEM O EXCESSO DE LÍQUIDO DO TOFU PARA EVITAR QUE O MOLHO FIQUE AGUADO. SE NÃO ENCONTRAR UM PÃO GRANDE, PREPARE PORÇÕES INDIVIDUAIS COM PÃES MENORES.

1 cebola picada grosseiramente

1 pimentão vermelho picado grosseiramente

1 talo de aipo picado

2 colheres (sopa) de azeite extravirgem ou óleo vegetal

2 dentes de alho amassados

400 ml de passata de tomate

2 colheres (chá) de molho inglês vegetariano

1 colher (chá) de orégano seco

1 colher (chá) de cominho em pó

1 colher (sopa) de ketchup

1 colher (sopa) de vinagre de maçã

1 colher (sopa) cheia de açúcar mascavo escuro

2 colheres (sopa) de molho barbecue

400 g de tofu firme lavado, escorrido e cortado em cubos médios

400 g de pão italiano

sal marinho e pimenta-do-reino moída na hora

queijo ralado na hora, para servir

4-6 porções

★ Bata a cebola, o pimentão vermelho e o aipo no processador – ou, se preferir, pique-os bem com uma faca. Coloque-os em uma frigideira grande com o azeite e refogue até ficarem macios, mexendo sempre. Junte o alho e refogue por 1 minuto. Acrescente a passata de tomate, o molho inglês, o orégano, o cominho, o ketchup, o vinagre de maçã, o açúcar mascavo escuro e o molho barbecue e deixe em fogo baixo por 10 minutos. Prove e acerte o tempero. Adicione o tofu e cozinhe, com a panela tampada, por cerca de 15-20 minutos.

★ Enquanto isso, corte o topo do pão e reserve. Retire o miolo, passe-o no liquidificador ou no processador e junte-o à panela.

★ Preaqueça o forno a 200°C.

★ Coloque o pão sobre um pedaço de papel-alumínio grande o suficiente para embrulhá-lo. Encha a cavidade com o recheio de tofu e cubra com o topo de pão reservado. Embrulhe o pão todo e asse por 20 minutos.

★ Retire do forno e sirva morno, com queijo ralado.

CAPÍTULO 5
SALADAS

COLESLAW CLÁSSICA

125 g de repolho-branco em tiras fininhas

125 g de repolho roxo em tiras fininhas

175 g de cenoura ralada

½ cebola em fatias finas

1 colher (chá) de sal marinho, mais um pouco para temperar

2 colheres (chá) de açúcar

1 colher (chá) de vinagre de vinho branco

50 ml de Maionese clássica (p. 116)

50 ml de creme de leite light

pimenta-do-reino moída na hora

4-6 porções

★ Coloque os dois tipos de repolho, a cenoura e a cebola em uma peneira. Tempere-os com o sal marinho e o açúcar e regue com o vinagre de vinho branco. Mexa bem e deixe escorrer sobre uma tigela por 20 minutos.

★ Transfira para um pano de prato limpo e esprema para retirar o excesso de líquido. Coloque em uma tigela grande e misture a maionese e o creme de leite. Tempere com sal e pimenta-do-reino e sirva.

COLESLAW COM SOUR CREAM

GRAÇAS A SEU SABOR FRESCO E ÁCIDO, NADA COMBINA MELHOR COM O CALOR DO QUE UMA COLESLAW CASEIRA. É ÓTIMA PARA UMA FESTA COM OS AMIGOS OU UM ENCONTRO EM FAMÍLIA.

- 1 talo de aipo ralado
- 80 g de repolho verde ralado
- 1 cenoura ralada
- ½ cebola roxa (ou 3 cebolinhas) bem picada
- 1 colher (chá) de mostarda extraforte
- 1 colher (sopa) de vinagre de vinho branco
- 1 colher (chá) de açúcar mascavo escuro
- 100 ml de sour cream*
- sal marinho e pimenta-do-reino moída na hora

4 porções

★ Coloque os vegetais em uma tigela grande. Junte a mostarda, o vinagre, o açúcar e o sour cream. Misture, tempere a gosto e sirva.

* Bata 1 colher (sopa) de suco de limão para cada xícara (chá) de creme de leite fresco.

COLESLAW COM ALECRIM

ERVAS E ESPECIARIAS ACRESCENTAM INTENSIDADE A ESSA COLESLAW FRESCA E CROCANTE, TORNANDO-A TANTO UM ACOMPANHAMENTO QUANTO UM PRATO PRINCIPAL DELICIOSO.

240 g de repolho verde ou roxo em fatias finas ou ralado

1 cenoura grande ralada grosseiramente

¼ de cebola roxa em fatias finas

1½ colher (chá) de sal marinho, mais um pouco para temperar

molho

60 g de maionese

60 g de sour cream (p. 89)

1 colher (chá) de mostarda de Dijon

60 g de vinagre de maçã

¼ de colher (chá) de sementes de kümmel

1 colher (chá) de alecrim

1 dente de alho pequeno ralado

uma pitada de pimenta-de-caiena

1 colher (chá) de açúcar

¼ de colher (chá) de pimenta-do-reino moída na hora

sal

4 porções

★ Coloque o repolho verde ou roxo, a cenoura e a cebola roxa em uma peneira grande sobre uma tigela ou prato, tempere com o sal e misture. Cubra com uma vasilha e, dentro dela, ponha uma ou duas latas pesadas, para fazer pressão. Reserve por pelo menos 1 hora, até o repolho soltar cerca de 60 ml de líquido.

★ Enquanto isso, prepare o molho. Coloque todos os ingredientes, exceto o açúcar, a pimenta-do-reino e o sal, em um vidro grande esterilizado. Tampe bem e chacoalhe. Junte o açúcar, a pimenta-do-reino e sal a gosto. Leve à geladeira por 30-60 minutos.

★ Transfira o repolho com a cenoura e a cebola roxa para uma tigela média e regue com metade do molho. Misture com a ajuda de pegadores, cubra e reserve por 30 minutos, mexendo de vez em quando para distribuir o tempero. Antes de servir, mexa mais uma vez e junte mais molho, se desejar. O molho que sobrar pode ser mantido por 1 semana na geladeira.

COLESLAW DE MANGA E LIMÃO

MANGA E LIMÃO-TAITI SÃO INGREDIENTES COMUNS NA COZINHA DO SUL DA ÍNDIA E EM DIVERSAS RECEITAS ORIENTAIS. ESSA SALADA É UM ÓTIMO ACOMPANHAMENTO PARA RECEITAS PICANTES – SIRVA-A COM CURRY, PETISCOS APIMENTADOS OU COMO PARTE DE UMA REFEIÇÃO TIPICAMENTE INDIANA.

raspas de 1 limão-taiti e suco de 4 limões-taiti espremidos na hora

250 ml de polpa ou purê de manga

1 colher (sopa) de tamari ou molho de soja light

sal

1 colher (chá) de açúcar (opcional)

½ repolho roxo em fatias bem finas

½ repolho-branco em fatias bem finas

3 cenouras raladas

um punhado de folhas de hortelã picadas na hora (opcional)

4-6 porções

★ Coloque as raspas e o suco de limão-taiti em uma tigela grande. Junte a manga, o tamari ou o molho de soja light, sal a gosto e, se desejar, o açúcar – não o utilize se a polpa da fruta já estiver muito doce. Bata para misturar e dissolver o açúcar. Prove o tempero.

★ Acrescente os vegetais ralados e misture, para distribuir o molho por igual. Adicione a hortelã e sirva.

RÉMOULADE DE BETERRABA, AIPO-RÁBANO E MAÇÃ

ESSA SALADA DELICIOSAMENTE CROCANTE É PERFEITA PARA UM ALMOÇO LEVE – NA IMAGEM, APARECE AO LADO DE TORRADAS COM QUEIJO DE CABRA CREMOSO, MAS VOCÊ TAMBÉM PODE SERVI-LA COM A TORRADA DE ERVAS (P. 15).

raspas e suco de 1 limão-siciliano

⅓ de xícara (chá) ou 5 colheres (sopa) de Maionese clássica (p. 116)

2 maçãs descascadas e raladas

¼ de aipo-rábano* descascado e ralado

1 dente de alho amassado

2 colheres (sopa) de endro fresco bem picado, mais alguns ramos para servir

2 colheres (chá) de mostarda de Dijon

1 colher (chá) de pasta de raiz-forte

2 beterrabas pequenas descascadas e raladas

um punhado de nozes picadas, para decorar

sal e pimenta-do-reino moída na hora

torrada de queijo de cabra (opcional)

1 baguete crocante

100 g de queijo de cabra

azeite, para regar

4-6 porções

* Para a rémoulade, coloque as raspas e a maior parte do suco de limão-siciliano em uma tigela pequena; acrescente a Maionese clássica. Junte o suco restante em uma tigela com água fria e mergulhe a maçã e o aipo-rábano, para impedir que escureçam.

* Adicione o alho, o endro, a mostarda de Dijon e a pasta de raiz-forte à maionese; tempere a gosto com sal e pimenta-do-reino. Escorra o aipo-rábano e a maçã e junte-os à salada. Acrescente também a beterraba.

* Para as torradas, preaqueça o grill do forno em temperatura alta. Corte a baguete em fatias diagonais, espalhe queijo de cabra sobre um dos lados e regue com azeite. Leve ao forno até aquecerem e dourarem.

* Transfira a rémoulade para uma saladeira, enfeite com nozes e ramos de endro e sirva com as torradas mornas.

* Uma alternativa ao aipo-rábano é o cará.

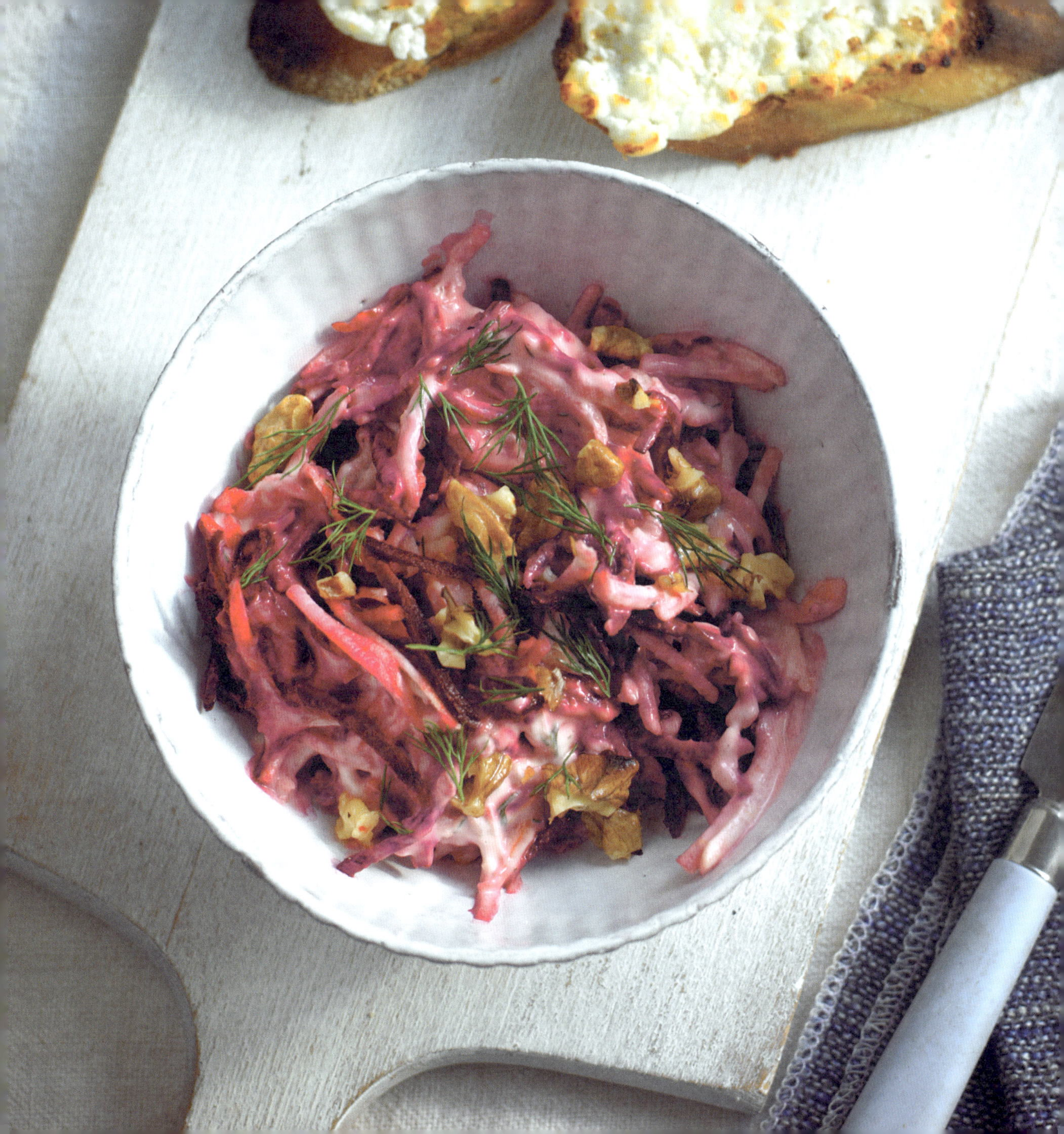

TABULE com queijo feta

100 g de triguilho

250 g de queijo feta esmigalhado

2 echalotas (p. 15) bem picadas

4 tomates maduros em pedaços de 1 cm

2 maços de salsa fresca bem picada

1 maço pequeno de hortelã fresca bem picada

3 colheres (sopa) de azeite

suco de 2 limões-sicilianos espremidos na hora, mais um pouco se desejar

raspas de 1 limão-siciliano

sal marinho e pimenta-do-reino moída na hora

6 porções

ÀS VEZES, MENOS É MAIS – E ESSE PRATO COMPROVA A TEORIA. MUITAS PESSOAS PREFEREM USAR CUSCUZ MARROQUINO NO LUGAR DO TRADICIONAL TRIGUILHO, MAS A VERDADEIRA ESTRELA DA RECEITA É, E DEVE CONTINUAR SENDO, A SALSA.

★ Em uma tigela rasa, cubra o triguilho com água fria. Reserve por cerca de 20 minutos, até ficar macio. Transfira para uma peneira e lave em água corrente para remover todo o amido, até o líquido sair claro. Escorra.

★ Coloque o triguilho em uma vasilha grande e afofe com um garfo. Junte o queijo feta, a echalota ou a cebola roxa, o tomate (com os sucos obtidos na hora de picar) e as ervas. Tempere com sal e pimenta-do-reino.

★ Em uma tigela pequena, bata o azeite com o suco e as raspas de limão-siciliano. Prove e, se não estiver ácido o suficiente, acrescente mais suco. Com cuidado, despeje o molho sobre o tabule e misture muito bem.

SALADA DE QUINOA com vegetais

GRAÇAS AOS INCRÍVEIS BENEFÍCIOS PARA A SAÚDE E À TEXTURA AGRADÁVEL, A QUINOA DEVERIA SER TÃO POPULAR QUANTO O ARROZ OU AS MASSAS – SE NÃO MAIS. ESSA RECEITA SABOROSA É TAMBÉM UMA CELEBRAÇÃO AOS VEGETAIS VERDES E FRESCOS.

300 g de quinoa

2 colheres (chá) de caldo de legumes em pó

12 aspargos cortados ao meio

200 g de fava descascada

200 g de ervilha

um punhado grande de folhas de hortelã fresca

um punhado de salsa fresca

um punhado de tomate-cereja cortado ao meio

raspas e suco de 1 limão-siciliano

200 ml de azeite extravirgem

2 colheres (sopa) de xarope de agave

1 colher (sopa) de xarope de romã (ou vinagre balsâmico)

sal marinho e pimenta-do-reino moída na hora

6 porções

★ Coloque a quinoa e o caldo de legumes em pó em uma panela e cubra com água, ultrapassando quase o dobro do volume dos grãos. Deixe ferver, reduza o fogo e tampe. Cozinhe por cerca de 12 minutos, até todo o líquido ser absorvido. Desligue o fogo, tire a tampa e deixe a água restante evaporar. Transfira para um prato ou bandeja grande e espere esfriar.

★ Enquanto isso, em uma panela, ferva água em quantidade suficiente para cobrir os vegetais e junte 2 colheres (chá) de sal. Cozinhe separadamente o aspargo, a fava e a ervilha – cerca de 3-4 minutos cada ingrediente – até ficarem *al dente*.

★ Quando a fava estiver cozida, é preciso tirar sua pele. Leva tempo, mas vale a pena – no mínimo por causa da cor que se revela. Basta deslizar a pele para retirá-la e descartá-la.

★ Pique grosseiramente as ervas. Em uma tigela grande, misture, mas com cuidado, a quinoa, o aspargo, a fava, a ervilha, o tomate e as ervas (reserve um pouco das últimas para servir). Junte as raspas e o suco de limão-siciliano, o azeite, o xarope de agave, o xarope de romã, sal e pimenta-do-reino. Misture novamente, prove e, se necessário, acerte o tempero.

★ Decore com as ervas restantes, regue com um fio de azeite e sirva.

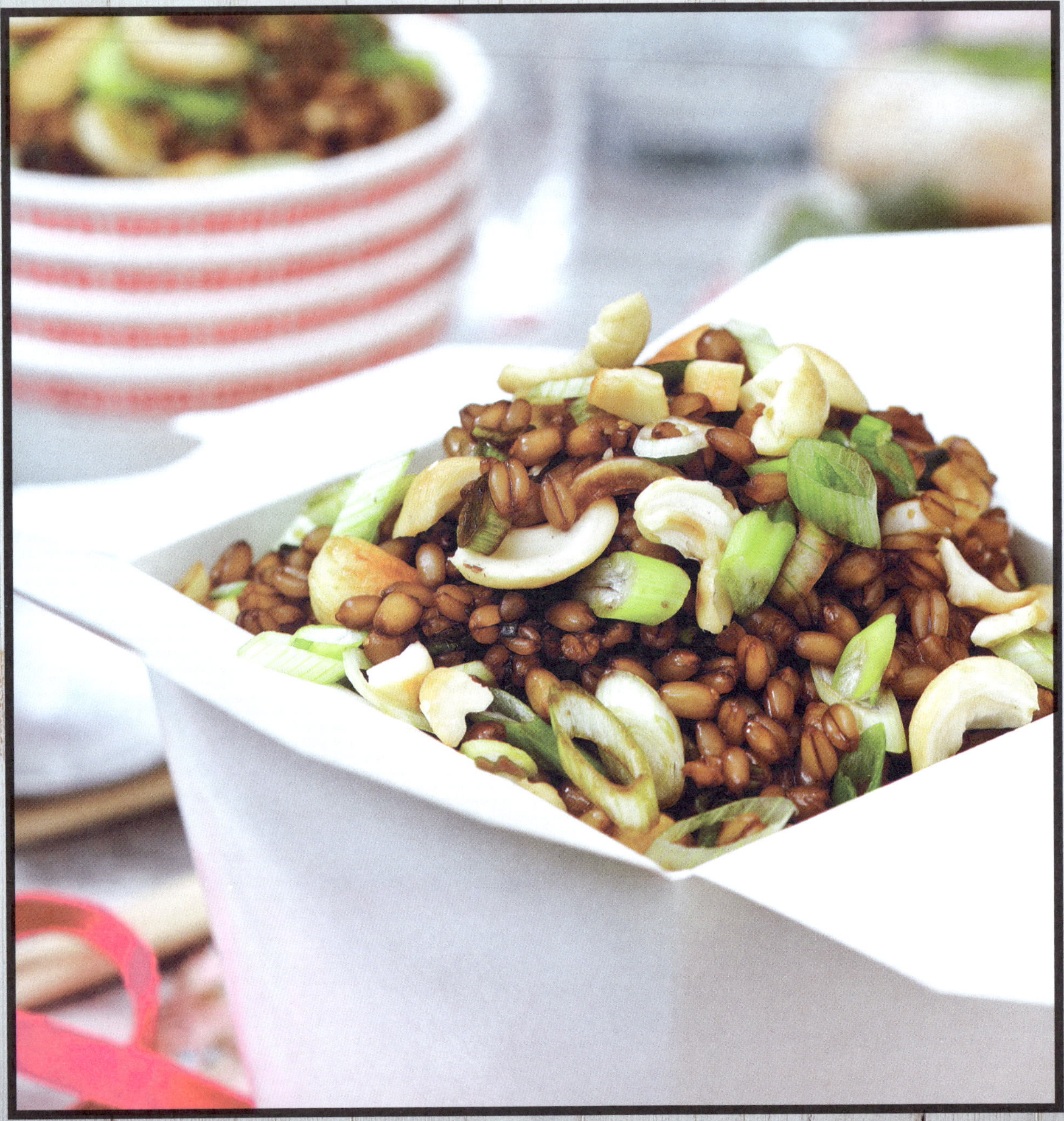

SALADA DE TRIGO E CASTANHA-DE-CAJU

200 g de trigo em grãos

750 ml de água salgada fervente

1 colher (sopa) de molho de soja escuro

1 colher (sopa) de molho de ostra vegetariano*

4 cebolinhas bem picadas

30 g de castanha-de-caju tostada

4-6 porções

O TRIGO EM GRÃOS FAZ PARTE DO GRUPO DE ALIMENTOS CONSIDERADOS SUPERNUTRITIVOS. UM POUCO DIFERENTE DA CEVADA E DOS FLOCOS DE TRIGO, ELE TEM TEXTURA FIRME, MAS FLEXÍVEL, QUE SE MANTÉM COM O ACRÉSCIMO DO MOLHO DE SOJA. A CASTANHA-DE-CAJU ASSADA DEIXA A SALADA CROCANTE. ESSE É UM ACOMPANHAMENTO DELICIOSO – E SAUDÁVEL – QUE VAI SURPREENDER SEUS CONVIDADOS.

★ Coloque o trigo em grãos em uma panela com a água salgada fervente. Cozinhe sem tampar, em fogo baixo, por cerca de 45 minutos, ou até ficar macio. Escorra bem.

★ Em uma tigela grande, misture o trigo em grãos morno, o molho de soja escuro, o molho de ostra vegetariano e a cebolinha. Reserve por cerca de 30 minutos, para que os grãos absorvam o tempero. (É possível preparar com um dia de antecedência e armazenar na geladeira quando o trigo estiver em temperatura ambiente.)

★ Espalhe a castanha-de-caju na hora de servir, para que se mantenha crocante.

* Pode-se substituir por molho tarê.

SALADA DE RISONI

OS ITALIANOS SABEM COMO COMBINAR SABORES. ESSA RECEITA TEM UM CHARME RÚSTICO E INGREDIENTES DELICIOSOS. SIRVA DURANTE UM CHURRASCO AO ESTILO MEDITERRÂNEO, SOB O SOL E COM UMA GRANDE TAÇA DE VINHO BRANCO.

- um punhado grande de manjericão fresco picado grosseiramente
- 20 g de queijo duro italiano, como parmesão ou grana padano, ralado na hora
- 1 dente de alho
- 25 g de pinhole torrado, mais um pouco para decorar
- 1 colher (sopa) de azeite extravirgem
- 175 g de risoni
- 150 g de muçarela de búfala em pedaços
- 50 g de tomate seco em conserva de óleo picado grosseiramente
- um punhado de rúcula
- sal marinho e pimenta-do-reino moída na hora

2 porções

★ Prepare um molho pesto: bata a maior parte do manjericão (reserve algumas folhas para decorar), o queijo duro, o alho, o pinhole, o azeite e um pouco de sal marinho e pimenta-do-reino no processador.

★ Ferva água em uma panela pequena, junte o risoni e cozinhe por 8 minutos, ou até ficar *al dente*. Escorra e passe por água fria corrente; escorra novamente.

★ Em uma tigela grande, misture o risoni e o pesto. Mexa bem e acrescente a muçarela de búfala, o tomate seco e a rúcula. Misture e decore com o manjericão e o pinhole reservados.

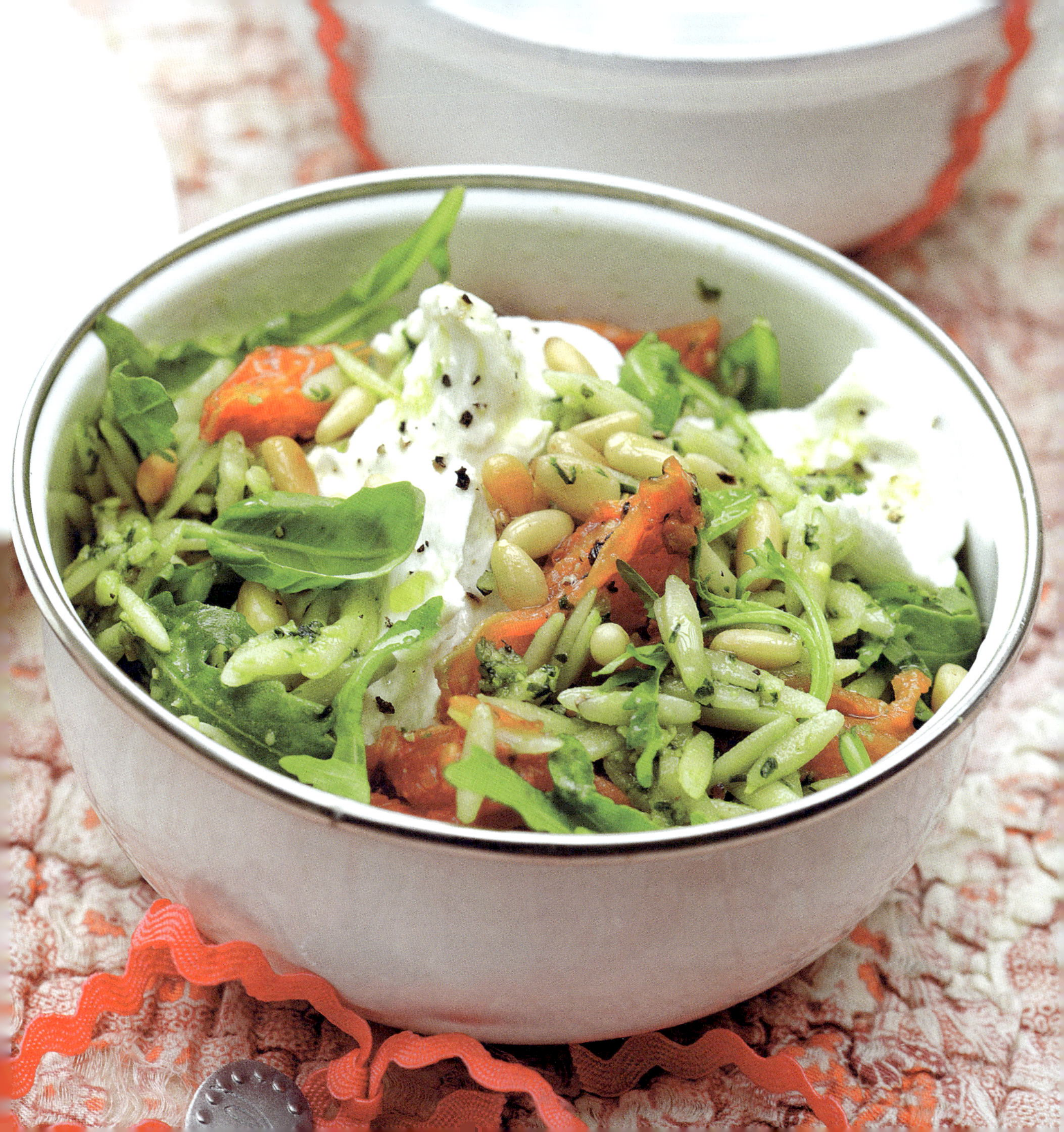

SALADA DE BATATA COM LIMÃO-SICILIANO

A SALADA DE BATATA É O TIPO DE PRATO QUE TODOS ESPERAM ENCONTRAR EM UMA REFEIÇÃO AO AR LIVRE. ESSA RECEITA DIFERE UM POUCO DA VERSÃO ORIGINAL COM MAIONESE: AQUI OS SABORES SÃO MAIS LEVES E INTENSOS. A PIMENTA GARANTE O TOQUE ARDIDO, E O LIMÃO-SICILIANO E AS ERVAS HARMONIZAM COM A MANTEIGA DE ALHO.

- 1 kg de batata-bolinha com casca
- 100 g de manteiga em temperatura ambiente
- 2 dentes de alho amassados
- suco espremido na hora e raspas de 2 limões-sicilianos
- 1 pimenta verde* comprida bem picada
- um punhado pequeno de salsa fresca picada grosseiramente
- um punhado pequeno de cebolinha fresca picada grosseiramente
- sal marinho e pimenta-do-reino moída na hora

6 porções

★ Lave bem a batata-bolinha em água fria corrente para eliminar qualquer vestígio de sujeira. Coloque-a em uma panela grande com água levemente salgada e espere ferver. Cozinhe por cerca de 15-20 minutos, até ficar macia quando espetada com um garfo.

★ Enquanto isso, em uma tigela pequena, misture a manteiga, o alho, o suco de limão-siciliano e a pimenta verde.

★ Escorra a batata-bolinha, transfira-a para uma vasilha grande e corte ao meio ou em quartos. Enquanto ainda estiver morna, junte a manteiga temperada e mexa delicadamente, para temperar por igual. Depois de fria, junte as raspas de limão-siciliano e as ervas, adicione sal e pimenta-do-reino a gosto e mexa mais uma vez, para misturar.

* Pode ser substituída por pimenta-dedo-de-moça ou malagueta.

SALADA DE BATATA-BOLINHA
com molho de gaspacho

GASPACHO É A FAMOSA SOPA GELADA ESPANHOLA FEITA DE TOMATE, PIMENTÃO, CEBOLA E ALHO. USE OS MESMOS INGREDIENTES PARA PREPARAR UM MOLHO FRESCO PARA ESSA SALADA SIMPLES, MAS MUITO GOSTOSA. MESMO QUE VOCÊ NÃO A SIRVA IMEDIATAMENTE, JUNTE O MOLHO ENQUANTO A BATATA ESTIVER QUENTE PARA QUE OS SABORES SE INCORPOREM.

★ Lave muito bem a batata-bolinha em água corrente fria para eliminar qualquer vestígio de sujeira. Coloque-a em uma panela grande com água levemente salgada e espere ferver. Cozinhe por cerca de 10-15 minutos, até estar *al dente* quando espetada com um garfo.

★ Enquanto isso, coloque todos os ingredientes do molho em uma tigela grande e misture. Tempere bem com sal marinho e pimenta-do-reino.

★ Escorra a batata-bolinha, junte ao molho e mexa. Sirva quente ou em temperatura ambiente.

500 g de batata-bolinha com casca

molho
2 tomates grandes e maduros cortados ao meio, sem sementes e picados

50 g de pimentão em conserva cortado em cubos

½ cebola roxa pequena e picada

1 dente de alho picado

3 colheres (sopa) de azeite extravirgem

2 colheres (chá) de vinagre de vinho tinto

uma pitada de açúcar

um maço de salsa fresca picada grosseiramente

sal marinho e pimenta-do-reino moída na hora

4 porções

SALADA DE ABOBRINHA E QUEIJO FETA
com molho de limão-siciliano, alcaparra e hortelã

---

4 abobrinhas grandes

¼ de colher (chá) de pimenta-calabresa em flocos

1 colher (sopa) de azeite extravirgem

200 g de queijo feta esmigalhado em pedaços grandes

4 colheres (sopa) de pinhole tostado

sal marinho e pimenta-do-reino moída na hora

molho

4 colheres (sopa) de azeite extravirgem

1 colher (sopa) de suco de limão-siciliano espremido na hora

½ colher (chá) de vinagre balsâmico, mais um pouco a gosto

½ colher (chá) de raspas de limão-siciliano

1-2 dentes de alho bem picados

1 colher (sopa) de hortelã picada na hora, mais algumas folhas inteiras para decorar

2 colheres (sopa) de salsa picada na hora

2 colheres (sopa) de alcaparra em conserva lavada, mergulhada em água fria por 10 minutos e escorrida

4-6 porções

PODE SER SERVIDA SOZINHA COMO ENTRADA OU COMO PARTE DE UM ANTEPASTO MISTO, AO LADO DE PIMENTÃO GRELHADO, ALCACHOFRA EM CONSERVA OU PASTA DE BERINJELA GRELHADA. TAMBÉM É UM ACOMPANHAMENTO PERFEITO PARA UM CHURRASCO.

★ Corte a abobrinha em fatias no sentido do comprimento. Coloque em uma peneira e adicione 1 colher (chá) de sal. Deixe escorrer, sobre a pia, por 30-60 minutos. Lave-a em água corrente fria e seque-a com papel-toalha.

★ Tempere com pimenta-do-reino e a pimenta-calabresa em flocos. Junte o azeite e misture, para cobrir a abobrinha.

★ Preaqueça a churrasqueira/grelha. Quando estiver quente, grelhe a abobrinha por 6-8 minutos, virando uma vez, até tostar levemente e ficar *al dente*. Transfira para uma vasilha e deixe esfriar.

★ Para o molho, coloque o azeite, o suco de limão-siciliano, o vinagre balsâmico, as raspas de limão-siciliano, o alho, a hortelã e a salsa em uma tigela e bata bem. Acrescente a alcaparra e despeje o molho sobre a abobrinha. Cubra e reserve por 30-60 minutos, para incorporar os sabores. Na hora de servir, adicione o queijo feta e sirva guarnecida com os pinholes e algumas folhas de hortelã.

SALADA DE PIMENTÃO E ASPARGO GRELHADOS

OS VEGETAIS FICAM MARAVILHOSOS QUANDO GRELHADOS – ESSE MÉTODO DE PREPARO INTENSIFICA SUA DOÇURA NATURAL. A RECEITA RENDE QUATRO PORÇÕES COMO PRATO PRINCIPAL OU SEIS COMO ENTRADA.

½ cebola roxa em fatias

6 pimentões vermelhos

450 g de aspargo aparado

azeite extravirgem, para pincelar

200 g de ervilha-torta

100 g de folhas para salada

um punhado de cada de salsa e endro

60 g de avelã tostada e picada grosseiramente

molho

60 ml de óleo de avelã*

2 colheres (sopa) de azeite extravirgem

1 colher (sopa) de vinagre de jerez

1 colher (chá) de açúcar

sal marinho e pimenta-do-reino moída na hora

4-6 porções

★ Coloque a cebola roxa em uma peneira, adicione sal e deixe escorrer sobre uma tigela por 30 minutos. Lave em água corrente fria e seque com papel-toalha.

★ Preaqueça a churrasqueira/grelha. Grelhe o pimentão vermelho por 15 minutos, virando frequentemente, até tostar por inteiro. Transfira-o para um saco plástico, feche e deixe amaciar até esfriar. Tire a pele e descarte as sementes. Corte a polpa em tiras grossas.

★ Pincele o aspargo com azeite e grelhe na churrasqueira por 3-4 minutos, virando frequentemente, até tostar e ficar macio.

★ Cozinhe a ervilha-torta em uma panela com água levemente salgada por 1-2 minutos. Escorra e passe em água corrente.

★ Coloque a cebola roxa, o pimentão vermelho, o aspargo e a ervilha-torta em uma vasilha; misture com cuidado. Junte as folhas para salada, as ervas e a avelã. Em uma tigela, bata bem todos os ingredientes do molho e tempere a gosto com sal e pimenta-do-reino. Regue a salada com o molho e mexa, para cobrir tudo. Sirva imediatamente.

* O óleo de avelã pode ser substituído por óleo de amêndoa para culinária.

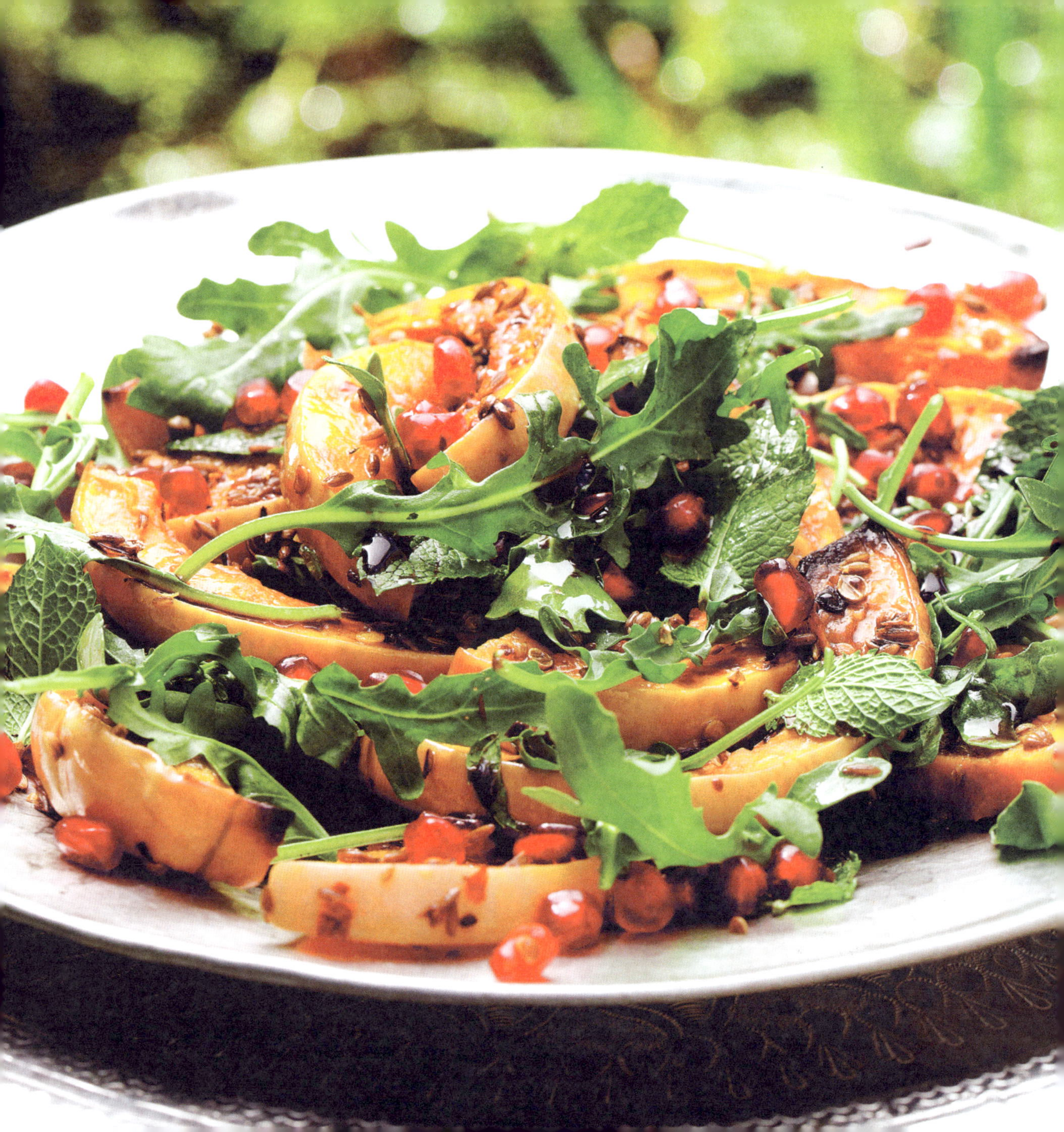

SALADA DE ROMÃ E ABÓBORA com molho balsâmico

1 abóbora-cheirosa grande

azeite, para regar

1 colher (sopa) de pimenta-calabresa em flocos (opcional)

2 colheres (sopa) de sementes de coentro

2 colheres (sopa) de sementes de cominho

200 g de rúcula lavada e seca

sementes de 1 romã grande (reserve o suco)

um punhado de folhas de hortelã fresca

sal marinho e pimenta-do-reino moída na hora

molho

2 colheres (sopa) de vinagre balsâmico

suco de ½ limão-siciliano espremido na hora

1 colher (sopa) de xarope de romã (ou suco de romã)

3 colheres (sopa) de azeite

sal marinho e pimenta-do-reino moída na hora

6 porções

INGREDIENTES SIMPLES, MAS COM UM SABOR ESPECIAL, SÃO A BASE DESSA RECEITA. A DOÇURA DA ABÓBORA-CHEIROSA COMBINA COM O ARDOR DA PIMENTA-CALABRESA E DAS ESPECIARIAS, MAS, SE DESEJAR, VOCÊ PODE SUBSTITUÍ-LA PELA ABÓBORA-MORANGA OU PELA BATATA-DOCE. AO RETIRAR AS SEMENTES DA ROMÃ, RESERVE O SUCO OBTIDO NO PROCESSO: ELE SERÁ UM ÓTIMO ACRÉSCIMO AO MOLHO.

★ Preaqueça o forno a 200°C.

★ Corte a abóbora ao meio, no sentido do comprimento, e descarte as sementes e membranas (mantenha a casca). Corte cada metade em tiras longas com cerca de 1 cm de espessura. Coloque em uma assadeira.

★ Em um almofariz, triture a pimenta-calabresa em flocos com as especiarias e polvilhe-as sobre a abóbora. Regue com uma boa quantidade de azeite e tempere com sal e pimenta-do-reino. Asse por cerca de 25-30 minutos, até as beiradas começarem a dourar e a polpa estar macia e cozida, sem ficar seca. Espere esfriar.

★ Misture a rúcula, as sementes de romã e a hortelã. Transfira para o prato de servir e disponha a abóbora por cima.

★ Para o molho, misture todos os ingredientes em um vidro e chacoalhe bem, para misturar. Regue a salada na hora de servir.

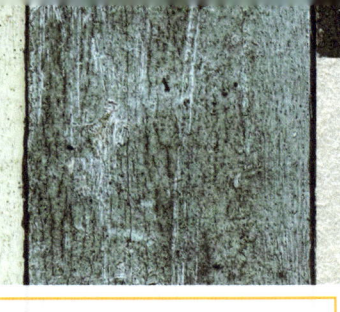

SALADA DE PÃO PITA
com muçarela de búfala e salsa de azeitona

FATUCHE É UMA SALADA DE ORIGEM ÁRABE FEITA COM PÃO PITA GRELHADO E MUITAS VEZES SERVIDA COM HALLOUMI, UM QUEIJO FIRME QUE PODE SER LEVADO À CHURRASQUEIRA. MAS NESSA RECEITA O QUEIJO USADO É A MUÇARELA DE BÚFALA, QUE QUANDO GRELHADA ADQUIRE UM DELICIOSO TOQUE DEFUMADO.

- 225 g de muçarela de búfala escorrida
- 60 ml de azeite extravirgem
- 1 pimentão verde grande sem sementes cortado em cubos
- 1 pepino pequeno cortado em cubos
- 2 tomates maduros picados
- ½ cebola roxa bem picada
- 2 pães pita
- suco de ½ limão-siciliano espremido na hora
- sal marinho e pimenta-do-reino moída na hora

salsa
- 75 g de azeitona kalamata sem caroço e picada
- 1 colher (sopa) de salsa picada na hora
- 1 dente de alho pequeno bem picado
- 60 ml de azeite extravirgem
- 1 colher (sopa) de suco de limão--siciliano espremido na hora

4 porções

★ Preaqueça a churrasqueira/grelha.

★ Envolva a muçarela de búfala em papel-toalha e pressione para retirar o excesso de líquido. Corte-a em fatias grossas e pincele-as com azeite. Leve à churrasqueira/grelha por 1 minuto de cada lado, até adquirir as marcas tostadas e começar a amolecer. Também é possível usá-la sem grelhar.

★ Coloque o pimentão verde, o pepino, o tomate e a cebola roxa em uma vasilha. Toste o pão pita na churrasqueira/grelha. Espere esfriar um pouco e rasgue-o em pedaços médios. Junte à vasilha, regue com 1-2 colheres (sopa) de azeite e um pouco de suco de limão-siciliano. Tempere com sal e pimenta-do-reino e mexa.

★ Coloque todos os ingredientes da salsa em uma tigela e misture.

★ Na hora de servir, divida a salada entre os pratos, cubra com algumas fatias de muçarela de búfala e despeje um pouco da salsa.

SALADAS 107

SALADA DE VAGEM TRUFADA

750 g de batata-bolinha com casca

220 g de vagem

1-2 colheres (sopa) de alcaparra em conserva escorrida

um punhado de folhas de estragão fresco picadas grosseiramente

2 trufas negras pequenas em conserva (opcional)

sal marinho e pimenta-do-reino moída na hora

molho

1 colher (sopa) de vinagre de vinho branco

1 colher (sopa) de azeite

1 colher (chá) de mostarda extraforte

2-3 colheres (chá) de azeite trufado

6 porções

UM DOS INGREDIENTES MAIS EXUBERANTES QUE EXISTEM É A TRUFA, FUNGO QUE TEM A CAPACIDADE DE DEIXAR QUALQUER PRATO MAIS SOFISTICADO. ADICIONÁ-LA A UMA SALADA RÚSTICA DE BATATA E VAGEM É UMA MANEIRA EXCELENTE DE INCREMENTAR A RECEITA, TORNANDO-A INESQUECÍVEL. TRUFAS EM CONSERVA PODEM SER ENCONTRADAS EM BONS MERCADOS E EMPÓRIOS.

★ Cozinhe a batata-bolinha em uma panela com água salgada. Depois de ferver por 8 minutos, inclua um recipiente para cozimento a vapor e cozinhe a vagem por 3 minutos. (A batata-bolinha deve cozinhar por um total de 10-11 minutos, até ficar macia.) Escorra, passe os vegetais por água corrente até esfriarem completamente e enxugue-os.

★ Para o molho, coloque o vinagre de vinho branco e o azeite em um pote que possa ser bem fechado, junte uma pitada generosa de sal, a mostarda extraforte, pimenta-do-reino e o azeite trufado; chacoalhe tudo.

★ Misture a vagem, a batata-bolinha, a alcaparra e o estragão. Se usar a trufa negra, use um descascador de legumes para obter fatias muito finas, distribua-as sobre a salada e mexa. Tempere com sal marinho e pimenta-do-reino. Para finalizar, regue com o azeite trufado na hora de servir.

SALADA DE CENOURA, LARANJA-VERMELHA E NOZES

2 laranjas-vermelhas

8 cenouras grandes raladas

raspas e suco de 1 limão-siciliano espremido na hora

3 colheres (sopa) de xarope de agave

1 colher (sopa) de salsa picada na hora

4 colheres (sopa) de azeite extravirgem

sal marinho

dois punhados de nozes descascadas na hora

6 porções

A COR DA LARANJA NESSA SALADA JÁ É SUFICIENTE PARA DESPERTAR O INTERESSE DE QUALQUER PESSOA, EMBORA SEU SABOR NÃO FIQUE ATRÁS. É PERFEITA COMO ACOMPANHAMENTO OU SERVIDA COM OUTRAS SALADAS. PREFIRA PREPARÁ-LA QUANDO FOR ÉPOCA DE LARANJA-VERMELHA.

★ Corte o topo e a base da laranja-vermelha, apenas até chegar à polpa. Com ela em pé, corte cuidadosamente a casca em tirinhas, de cima para baixo, seguindo a forma da fruta e eliminando também a parte branca. Vire-a de lado e corte em rodelas com 1 cm de espessura. Faça isso sobre uma tábua de cozinha ou vasilha que retenha o suco – o líquido também pode ser adicionado à salada.

★ Esprema o excesso de líquido da cenoura para evitar que o prato fique empapado (reserve para usar em sucos). Em uma tigela grande, misture a cenoura com os outros ingredientes. A salada deve ficar com sabor cítrico, sendo a doçura conferida apenas pelo xarope de agave. Deixe os sabores se integrarem por alguns minutos, prove e, se necessário, acerte o tempero com mais suco, salsa, sal marinho e xarope de agave.

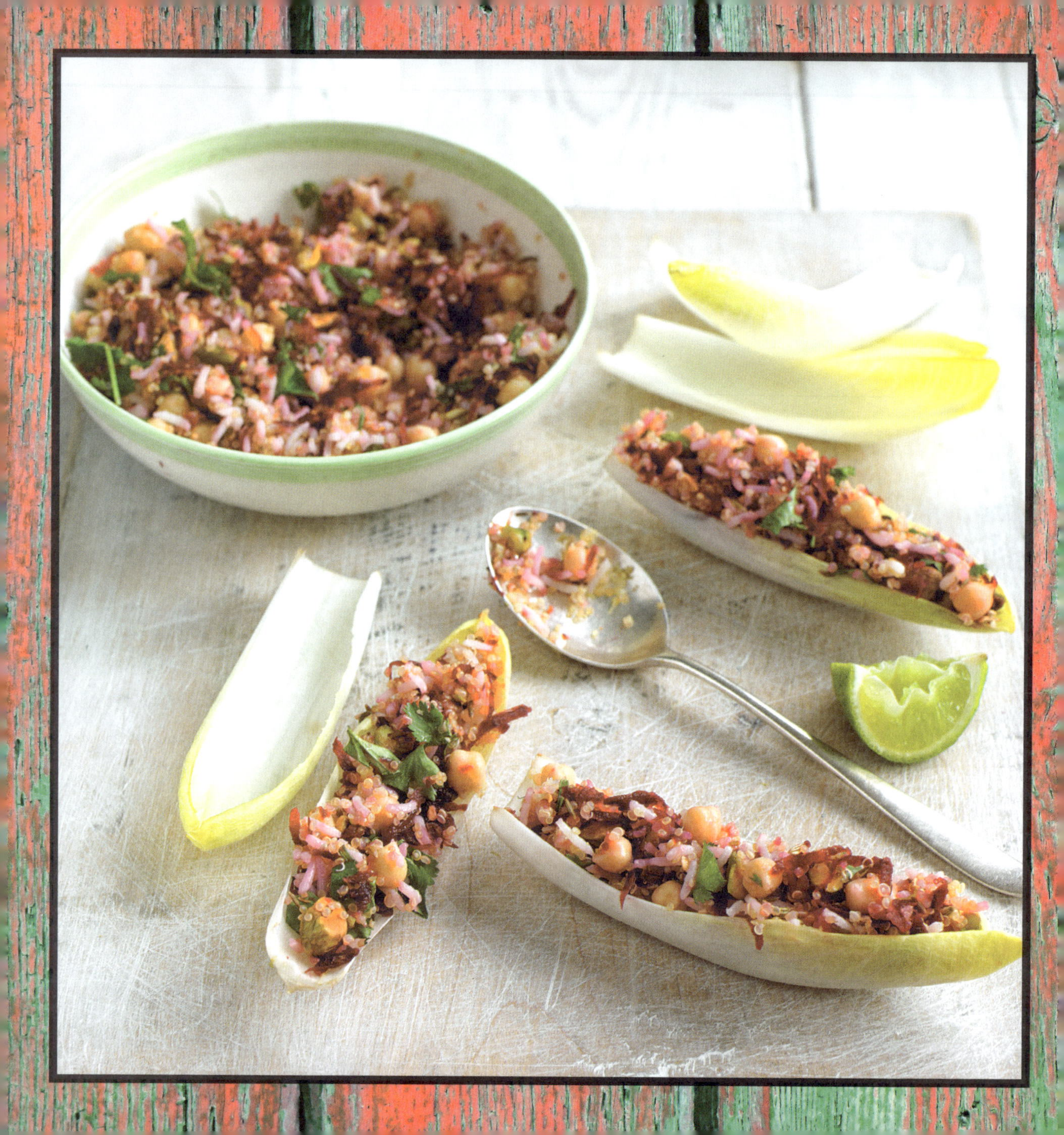

ENDÍVIA RECHEADA COM BETERRABA, COMINHO E GRÃOS

50 g de arroz basmati

5 bagas de cardamomo

50 g de quinoa

2 colheres (chá) de sementes de cominho

2 colheres (chá) de sementes de erva-doce

100 g de grão-de-bico cozido e escorrido

raspas e suco de 2 limões-taiti espremidos na hora

um punhado pequeno de folhas de coentro fresco bem picadas, mais um pouco para servir

½ beterraba crua descascada e ralada

70 g de pistache inteiro ou picado grosseiramente, mais um pouco para servir

2 colheres (sopa) de óleo de amendoim, azeite ou óleo de canola

uma pitada de açúcar

15 folhas de endívia (use as do miolo) lavadas e secas

sal e pimenta-do-reino moída na hora

15 unidades

ESSA SALADA FICA ÓTIMA EM QUALQUER BUFÊ, E É POSSÍVEL PREPARÁ-LA COM ANTECEDÊNCIA – MAS SÓ ACRESCENTE OS INGREDIENTES DA FINALIZAÇÃO NA HORA DE SERVIR, PARA QUE A BETERRABA NÃO TINJA TUDO COM SUA COR.

★ Lave o arroz e coloque-o, com o cardamomo, em uma panela com água fervente salgada. Cozinhe de acordo com as instruções da embalagem até ficar macio, mas ainda *al dente*. Escorra bem, espalhe em uma assadeira para esfriar e reserve.

★ Enquanto isso, cozinhe a quinoa em água fervente salgada – use uma quantidade suficiente para cobrir os grãos em 0,5 cm – por cerca de 10 minutos, até ficar macia, mas ainda *al dente*. Escorra bem, espalhe em uma assadeira para esfriar e reserve.

★ Toste levemente as sementes de cominho e de erva-doce em uma frigideira seca, em fogo médio, apenas até o aroma dos ingredientes começar a exalar. Desligue o fogo, retire as sementes da frigideira e reserve.

★ Em uma tigela, misture o grão-de-bico, o arroz, a quinoa, as sementes tostadas, as raspas de limão-taiti, as folhas de coentro, a beterraba, o pistache, sal e pimenta-do-reino. Misture, prove e tempere com o óleo, o suco de limão-taiti, o açúcar, sal e, se necessário, mais pimenta-do-reino. Recheie generosamente as folhas de endívia e distribua o coentro e o pistache restantes.

CAPÍTULO 6
MOLHOS, SALSAS E TEMPEROS

MOLHO BARBECUE PICANTE E DEFUMADO

MOLHOS CASEIROS SÃO SABOROSOS E FÁCEIS DE PREPARAR. CONSERVE-OS NA GELADEIRA POR 5 DIAS – EM VIDROS ESTERILIZADOS, DURAM SEMANAS.

★ Coloque todos os ingredientes em uma panela, espere ferver e cozinhe em fogo baixo por 15 minutos, até engrossar e reduzir. Tempere a gosto com sal e pimenta-do-reino e deixe esfriar completamente.

★ Transfira para um recipiente limpo, que pode ser mantido sob refrigeração por 5 dias. Se utilizar um pote esterilizado, despeje o molho ainda quente e, quando esfriar, tampe-o e armazene-o na geladeira por algumas semanas.

200 ml de passata de tomate

100 ml de maple syrup

50 ml de melado

50 ml de Ketchup caseiro (p. 113) ou industrializado

50 ml de vinagre de vinho branco

2 colheres (sopa) de molho inglês

1 colher (sopa) de molho de pimenta

2 colheres (chá) de mostarda de Dijon

1 colher (chá) de alho em pó

1 colher (chá) de páprica defumada

sal marinho e pimenta-do-reino moída na hora

cerca de 350 ml

KETCHUP CASEIRO

AGRADE AOS FÃS DE KETCHUP COM ESSA RECEITA SIMPLES E MUITO MAIS SAUDÁVEL QUE O PRODUTO INDUSTRIALIZADO.

2 colheres (sopa) de azeite
1 cebola bem picada
2 dentes de alho amassados
450 ml de passata de tomate
150 ml de vinagre de vinho tinto
150 g de açúcar mascavo
2 colheres (sopa) de melado
2 colheres (sopa) de purê de tomate
1 colher (chá) de mostarda de Dijon
2 folhas de louro
1 colher (chá) de sal marinho
½ colher (chá) de pimenta-do-reino moída na hora

cerca de 400 ml

★ Em uma panela, aqueça o azeite e refogue a cebola e o alho por 10 minutos, até ficarem macios.

★ Junte os ingredientes restantes. Espere ferver, diminua a temperatura e cozinhe em fogo baixo por 30 minutos, até engrossar e reduzir em cerca de um terço.

★ Passe o molho por uma peneira, deixe esfriar e transfira para um recipiente limpo, que pode ser mantido sob refrigeração por 5 dias. Se utilizar um pote esterilizado, despeje o molho ainda quente e, quando esfriar, tampe-o e armazene-o na geladeira por algumas semanas.

MOLHO AGRIDOCE DE PIMENTA

ACOMPANHA BEM QUASE TUDO: DE SALADAS E VEGETAIS GRELHADOS A HAMBÚRGUERES DE HALLOUMI. APENAS ESCOLHA O PRATO PRINCIPAL – O SUCESSO ESTÁ GARANTIDO.

6 pimentas-malaguetas grandes sem sementes e picadas
4 dentes de alho picados
1 colher (chá) de gengibre ralado
1 colher (chá) de sal
100 ml de vinagre de arroz
100 g de açúcar

cerca de 200 ml

★ Coloque a pimenta-malagueta, o alho, o gengibre e o sal no processador e bata até obter uma pasta grosseira. Transfira para uma panela, junte o vinagre de arroz e o açúcar, espere ferver e cozinhe em fogo baixo, tampado parcialmente, por 5 minutos, até virar um xarope ralo. Retire do fogo e espere esfriar.

★ Em recipiente fechado hermeticamente, mantém-se por 2 semanas na geladeira.

MOLHO BARBECUE ASIÁTICO

SE QUISER UM MOLHO DIFERENTE, EXPERIMENTE ESSA RECEITA. TAMBÉM É ÓTIMA MARINADA PARA ESPETINHOS DE TOFU.

100 ml de passata de tomate
50 ml de molho hoisin
1 colher (chá) de molho de pimenta
2 dentes de alho amassados
2 colheres (sopa) de molho de soja doce*
1 colher (sopa) de vinagre de arroz
1 colher (chá) de coentro em pó
½ colher (chá) de canela em pó
¼ de colher (chá) de cinco especiarias chinesas em pó

cerca de 350 ml

★ Coloque todos os ingredientes em uma panela pequena. Junte 100 ml de água, espere ferver e cozinhe em fogo baixo por 10 minutos. Retire do fogo e deixe esfriar.

★ Transfira para um recipiente fechado hermeticamente e mantenha refrigerado por 2 semanas.

* Para obter o molho de soja doce, coloque uma pitada de açúcar no molho de soja comum. Pode também ser substituído por molho tarê ou molho tamari.

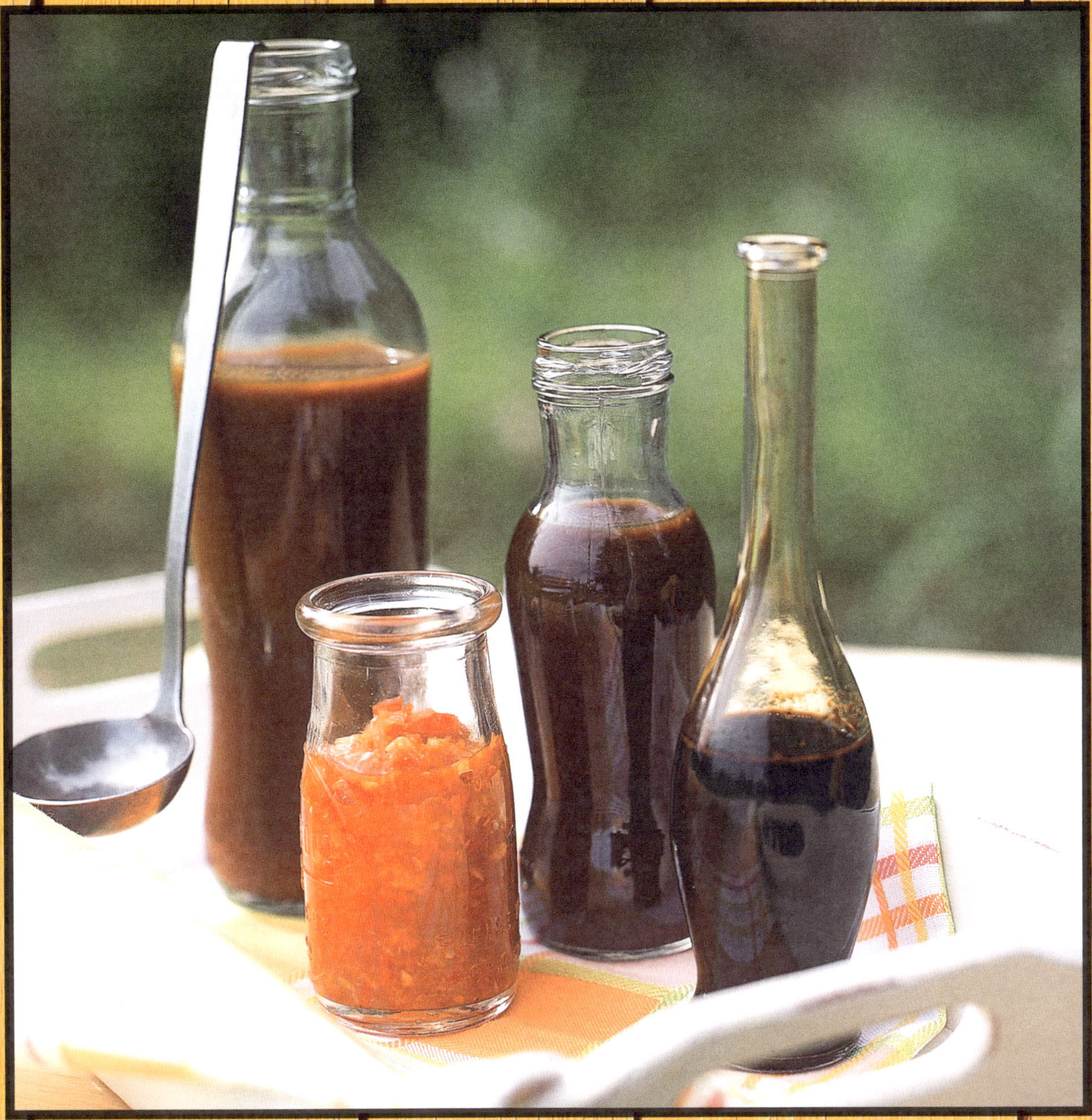

MAIONESE CLÁSSICA

3 gemas

2 colheres (chá) de mostarda de Dijon

2 colheres (chá) de vinagre de vinho branco ou suco de limão-siciliano espremido na hora

½ colher (chá) de sal marinho

300 ml de azeite

cerca de 400 ml

★ No processador, bata as gemas, a mostarda de Dijon, o vinagre de vinho branco ou suco de limão-siciliano e o sal marinho até espumar. Com o aparelho ligado, despeje o azeite aos poucos, pelo funil, até engrossar e ficar brilhante. Acerte os temperos a gosto.

★ Transfira para um pote e sirva. Pode ser mantido na geladeira por 3 dias.

MAIONESE DE MOSTARDA

1 receita de Maionese clássica

2 colheres (sopa) de mostarda extraforte

cerca de 400 ml

★ Prepare a Maionese clássica de acordo com as instruções ao lado, mas sem a mostarda de Dijon. Coloque em uma tigela, adicione a mostarda extraforte e misture. Transfira para um pote e sirva. Armazene sob refrigeração por 3 dias.

MAIONESE DE ERVAS

1 receita de Maionese clássica (p. 116)

um punhado de qualquer erva picada na hora, como manjericão, salsa ou estragão

cerca de 400 ml

★ Prepare a Maionese clássica de acordo com as instruções. Acrescente as ervas ao processador e bata até ficar com pontinhos verdes. Transfira para um pote e sirva. Armazene na geladeira por 3 dias.

MAIONESE DE LIMÃO-SICILIANO

1 receita de Maionese clássica (p. 116)

1 colher (chá) de suco de limão-siciliano espremido na hora

1 colher (chá) de raspas finas de limão-siciliano

uma pitada de pimenta-do-reino moída na hora

cerca de 400 ml

★ Prepare a Maionese clássica e acrescente os outros ingredientes no momento em que adicionar a mostarda de Dijon e o vinagre. Bata até engrossar. Sirva e armazene conforme indicado.

Variação: você pode substituir o limão-siciliano por limão-taiti.

MAIONESE DE PESTO

1 receita de Maionese clássica (p. 116)

1 colher (chá) de pesto fresco

cerca de 400 ml

★ Prepare a Maionese clássica de acordo com as instruções. Acrescente o pesto no momento de adicionar a mostarda de Dijon e o vinagre de vinho branco. Bata até engrossar. Sirva e armazene conforme indicado.

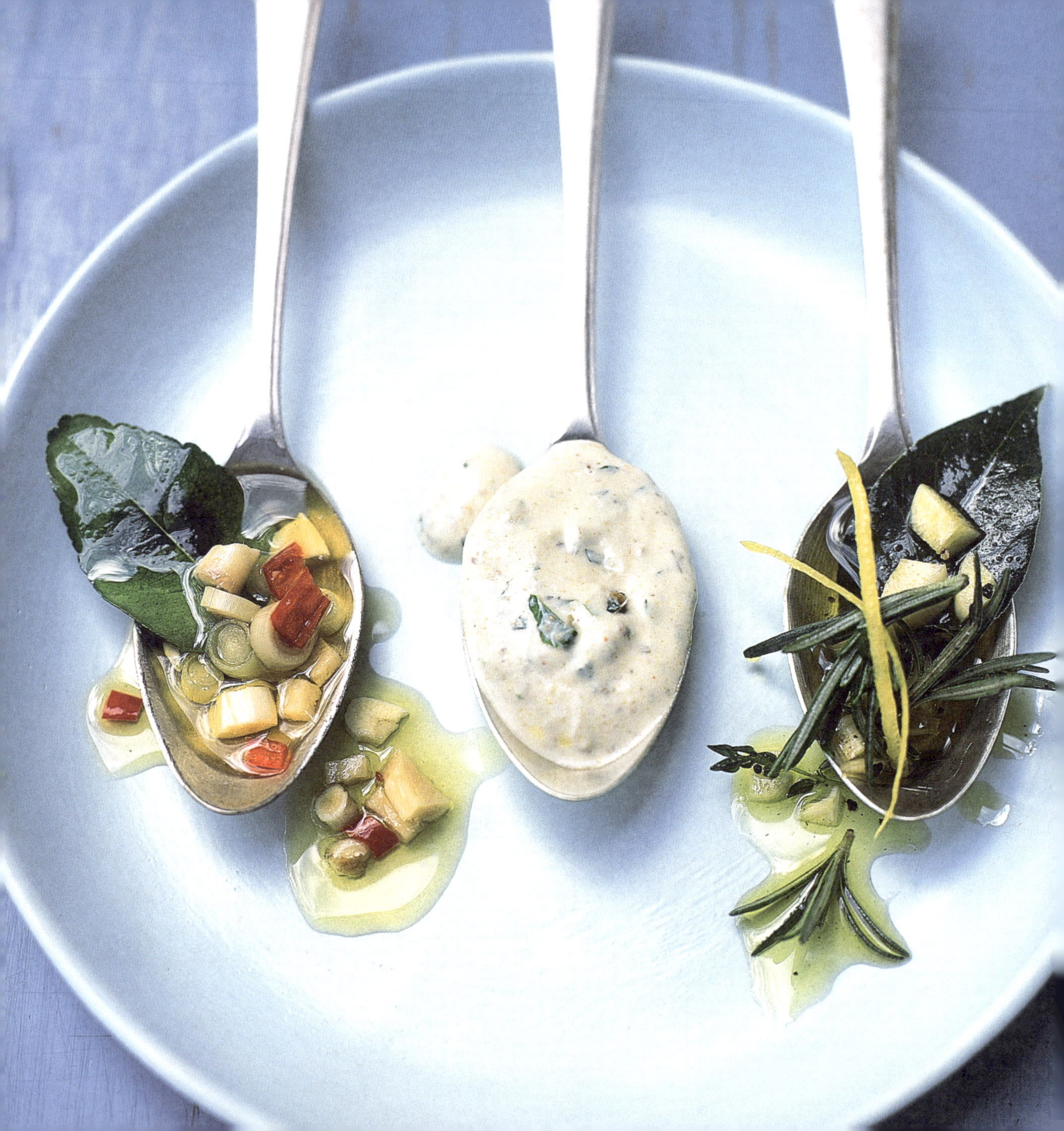

MARINADA TAILANDESA PICANTE

2 talos de capim-santo

6 folhas de limão kaffir

2 dentes de alho picados grosseiramente

2,5 cm de gengibre descascado e bem picado

4 raízes de coentro lavadas e secas

2 pimentas-malaguetas pequenas sem sementes e picadas grosseiramente

200 ml de azeite extravirgem

2 colheres (sopa) de óleo de gergelim

2 colheres (sopa) de molho de soja

cerca de 300 ml

★ Com uma faca afiada, apare os talos de capim-santo até obter 15 cm. Retire e descarte as camadas externas e pique grosseiramente o miolo.

★ Em um almofariz, amasse os talos, as folhas de limão kaffir, o alho, o gengibre, o coentro e a pimenta-malagueta até desprender o aroma.

★ Transfira para uma tigela, junte o azeite, o óleo de gergelim e o molho de soja e reserve até a hora de usar, para incorporar os sabores.

MARINADA DE IOGURTE COM HORTELÃ

2 colheres (chá) de sementes de coentro

1 colher (chá) de sementes de cominho

250 ml de iogurte denso

suco de ½ limão-siciliano espremido na hora

1 colher (sopa) de azeite extravirgem

2 dentes de alho amassados

1 colher (chá) de gengibre ralado

½ colher (chá) de sal

2 colheres (sopa) de folhas de hortelã picadas na hora

¼ de colher (chá) de pimenta vermelha em pó

cerca de 275 ml

★ Toste as sementes de coentro e de cominho em uma frigideira seca, em fogo médio, até dourarem e exalarem o aroma. Retire da frigideira e espere esfriar. Transfira para um moedor de especiarias e triture até obter um pó espesso; se preferir, amasse em um almofariz.

★ Em uma tigela, misture as especiarias com os demais ingredientes. Reserve até a hora de usar, para incorporar os sabores.

MARINADA DE ERVAS, LIMÃO E ALHO

2 ramos de alecrim fresco

2 ramos de tomilho fresco

4 folhas de louro

2 dentes de alho grandes picados grosseiramente

uma tira da casca de 1 limão-siciliano

1 colher (chá) de grãos de pimenta-do-reino moídos grosseiramente

200 ml de azeite extravirgem

cerca de 300 ml

★ Retire as folhas de alecrim e de tomilho do ramo e coloque-as em um almofariz. Junte o louro, o alho e a casca de limão-siciliano. Amasse até desprender o aroma.

★ Transfira para uma tigela e acrescente os grãos de pimenta-do-reino e o azeite extravirgem. Reserve até a hora de usar, para incorporar os sabores.

MOLHO DE QUEIJO AZUL

EXPERIMENTE PREPARAR ESSE MOLHO CLÁSSICO PARA FOLHAS GELADAS DE ALFACE-ROMANA OU AMERICANA COM DIFERENTES TIPOS DE QUEIJO AZUL: ALGUNS, COMO GORGONZOLA E ROQUEFORT, NÃO SÃO ADEQUADOS PARA VEGETARIANOS, MAS SAINT AGUR E DOLCELATTE SÃO BOAS ALTERNATIVAS. A ESCOLHA É SUA.

75 ml de sour cream (p. 89)

50 g de queijo azul cremoso

1 colher (sopa) de vinagre de vinho branco

2 colheres (chá) de água fervida na hora

2 colheres (sopa) de azeite extravirgem

1 colher (sopa) de cebolinha picada na hora

sal e pimenta-do-reino moída na hora

cerca de 200 ml

★ No processador, bata o sour cream, o queijo azul cremoso, o vinagre de vinho branco, a água fervida e um pouco de sal e pimenta-do-reino até ficar homogêneo. Junte o azeite extravirgem e bata novamente. Acrescente a cebolinha, acerte o tempero e sirva.

★ Esse molho cremoso – que tem a acidez agradável e intensa do queijo azul – é delicioso com alface-romana ou americana. Mas também combina com outras saladas de folhas, aipo, maçã, pera e mix de nozes e castanhas.

MOLHOS, SALSAS E TEMPEROS 121

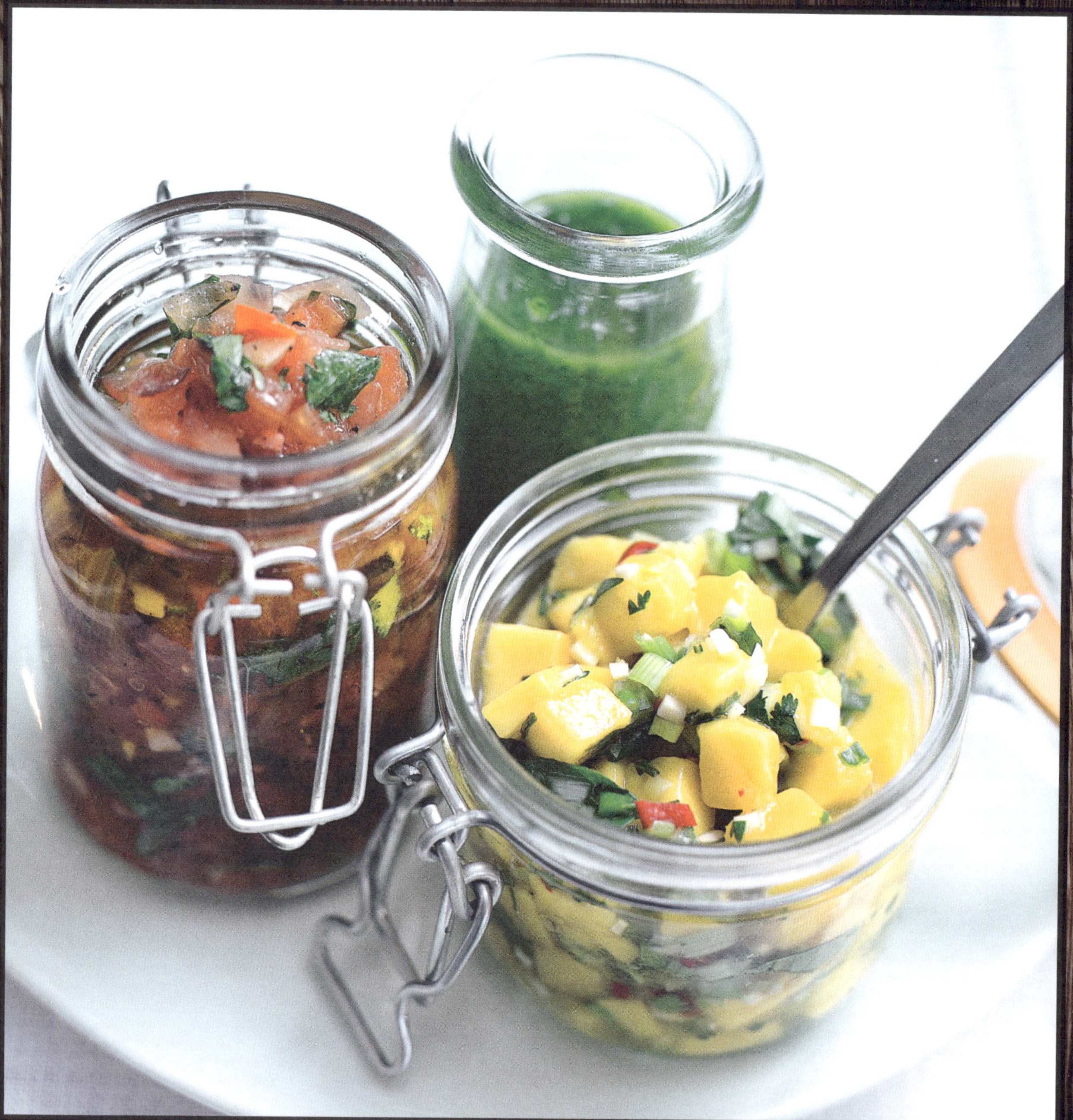

SALSA DE TOMATE DEFUMADO

4 tomates maduros

2 pimentas-malaguetas grandes

4 dentes de alho descascados

1 cebola roxa em quartos

4 colheres (sopa) de azeite extravirgem

1 colher (sopa) de suco de limão--siciliano espremido na hora

2 colheres (sopa) de coentro picado na hora

sal marinho e pimenta-do-reino moída na hora

2 espetinhos de madeira mergulhados em água por 30 minutos

4-6 porções

★ Preaqueça a churrasqueira/grelha.

★ Com um pegador, segure o tomate sobre as chamas por cerca de 1 minuto, virando com frequência, até tostar. Deixe esfriar, tire a pele, corte-o ao meio, retire as sementes e pique a polpa. Repita o procedimento com a pimenta.

★ Coloque o alho em um espetinho e a cebola roxa no outro. Leve o alho à churrasqueira/grelha por 5-6 minutos e a cebola roxa por 10-12 minutos, virando com frequência, até ficarem tostados e macios. Espere esfriar, retire-os dos espetinhos e corte em cubos.

SALSA VERDE

um punhado grande de folhas de salsa

um maço pequeno de ervas variadas, como manjericão, cebolinha e hortelã

1 dente de alho picado

1 colher (sopa) de azeitona verde sem caroço

1 colher (sopa) de alcaparra em conserva lavada e escorrida

2 filés de anchova em conserva lavados e picados

1 colher (chá) de mostarda de Dijon

2 colheres (chá) de vinagre de vinho branco

150 ml de azeite extravirgem

sal marinho e pimenta-do-reino moída na hora

4 porções

★ Com exceção do azeite, bata todos os ingredientes no processador. Junte o azeite aos poucos. Prove e acerte o tempero. Mantenha na geladeira por 3 dias.

SALSA DE MANGA E GERGELIM

1 manga madura grande

4 cebolinhas aparadas e bem picadas

1 pimenta-malagueta pequena sem sementes e picada

1 dente de alho amassado

1 colher (sopa) de molho de soja light

1 colher (sopa) de suco de limão-taiti

1 colher (chá) de óleo de gergelim

½ colher (sopa) de açúcar

1 colher (sopa) de coentro picado na hora

sal marinho e pimenta-do-reino moída na hora

4 porções

★ Descasque a manga e corte a polpa em cubos. Misture aos demais ingredientes e tempere a gosto. Reserve por 30 minutos antes de servir, para incorporar os sabores.

★ Em uma tigela, junte os vegetais grelhados com os demais ingredientes. Tempere com sal e pimenta-do-reino e sirva – ou armazene na geladeira em um vidro esterilizado.

KIMCHI DE FERMENTAÇÃO CASEIRA

ESSA É UMA DAS MUITAS VARIAÇÕES DE KIMCHI, A IGUARIA COREANA DE REPOLHO FERMENTADO. ALÉM DE DELICIOSAS, AS COMIDAS DE FERMENTAÇÃO CASEIRA SÃO ÓTIMAS PARA A DIGESTÃO. INCLUA ESSA CONSERVA – ÁCIDA, SALGADA E PICANTE – NO RECHEIO DE HAMBÚRGUERES OU SIRVA COMO ACOMPANHAMENTO PARA OUTROS PRATOS. FAÇA UMA QUANTIDADE GRANDE E USE EM 30-60 DIAS.

1,2 litro de água
3 colheres (sopa) de sal marinho
600 g de repolho verde em tirinhas
180 g de alho-poró picado
20 g de gengibre descascado
4 dentes de alho descascados
um punhado de alga dulse*
1 colher (chá) de cúrcuma em pó
1 pimenta verde média

pote para fazer picles (opcional)

12-15 porções

★ Faça uma salmoura com a água e o sal, mexendo até dissolvê-lo. Coloque o repolho verde e o alho-poró no pote para fazer picles e cubra com o líquido. Para manter os ingredientes submersos, pressione a tampa um pouquinho. Deixe de molho por várias horas, de preferência durante a noite. Se não tiver o pote, coloque os vegetais em uma tigela e deixe-os mergulhados na salmoura usando um prato como peso.

★ Enquanto isso, amasse o gengibre e o alho. Hidrate a alga dulse em água fria por 30 minutos, escorra e pique bem.

★ Escorra os vegetais e reserve a salmoura. Misture-os com a cúrcuma em pó, a alga dulse, o gengibre, o alho e a pimenta.

★ Coloque tudo de volta no pote para fazer picles (ou tigela) e adicione salmoura suficiente para cobrir os vegetais quando pressionados. Aperte e atarraxe a tampa no máximo (se usar um prato, coloque algo pesado por cima). Deixe fermentar por 1 semana, no mínimo. O melhor sabor aparece depois de 4 semanas.

* Pode ser substituída pela alga kombu.

MOLHOS, SALSAS E TEMPEROS

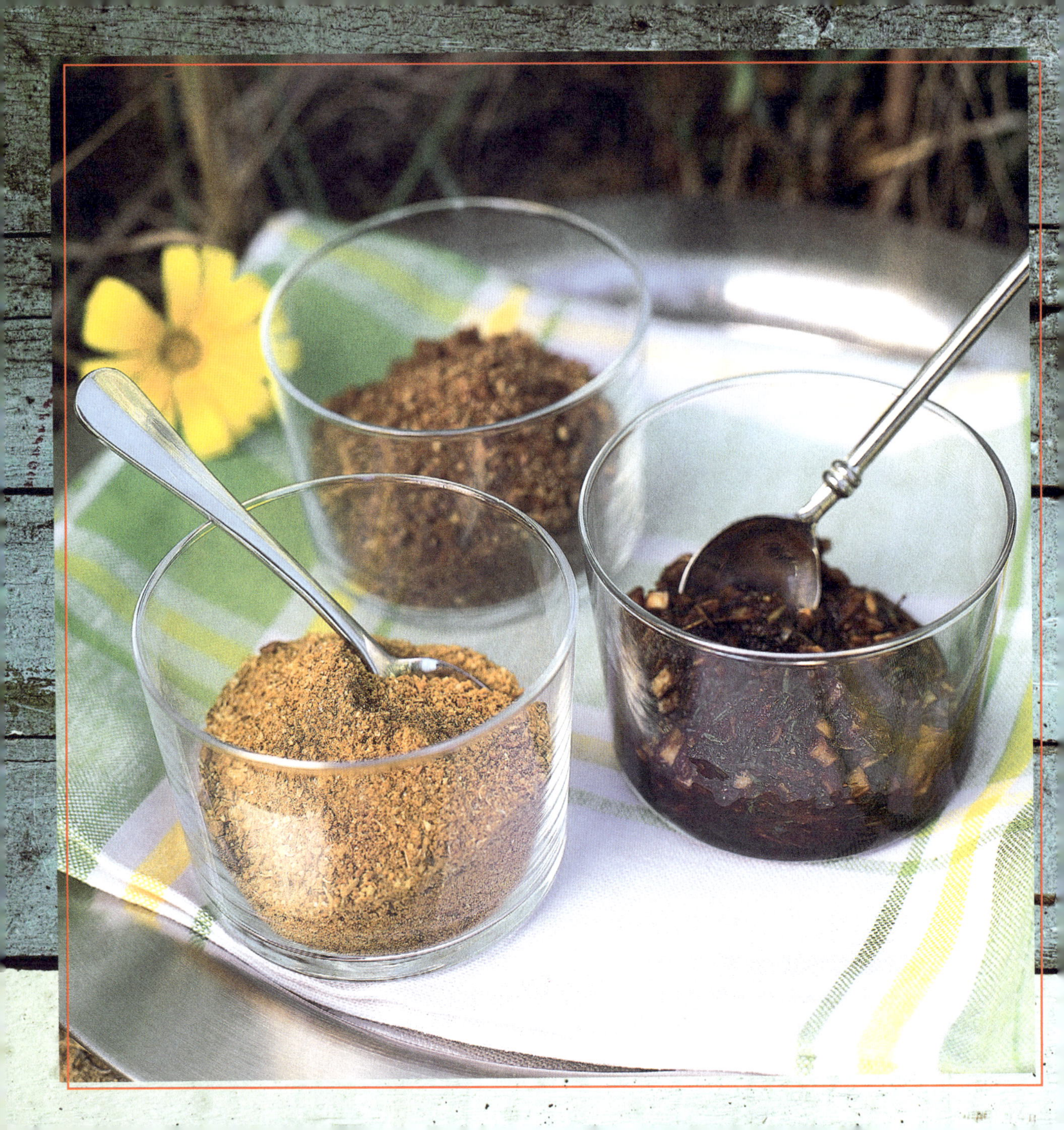

TEMPERO CREOLE

½ cebola pequena bem picada

1 dente de alho bem picado

1 colher (sopa) de tomilho picado na hora

1 colher (sopa) de páprica doce

1 colher (chá) de cominho em pó

1 colher (chá) de sal

¼ de colher (chá) de pimenta-de-caiena

1 colher (sopa) de açúcar mascavo

uma pitada de pimenta-do-reino moída na hora

cerca de 6 colheres (sopa)

★ Coloque todos os ingredientes em uma tigela pequena, misture bem e reserve até a hora de usar, para incorporar os sabores.

TEMPERO MARROQUINO

1 colher (sopa) de sementes de coentro

1 colher (chá) de sementes de cominho

2 paus de canela

1 colher (chá) de pimenta-da-jamaica em grãos

6 cravos

uma pitada de pistilos de açafrão

1 colher (chá) de cúrcuma em pó

2 colheres (chá) de cebola desidratada em flocos

1 colher (chá) de sal

½ colher (chá) de páprica doce

cerca de 6 colheres (sopa)

★ Coloque as especiarias inteiras e os pistilos de açafrão em uma frigideira seca. Toste-os em fogo médio por cerca de 1-2 minutos, ou até dourarem e liberarem o aroma. Retire-os do fogo e deixe esfriar. Transfira para um moedor de especiarias ou para um almofariz e triture até obter um pó grosseiro.

★ Coloque o pó em uma tigela, junte os ingredientes restantes e misture bem. Reserve até a hora de usar, para incorporar os sabores.

TEMPERO ASIÁTICO

4 anises-estrelados

2 colheres (chá) de pimenta-de-sichuan em grãos

1 colher (chá) de sementes de erva-doce

2 pedaços pequenos de casca de cássia ou 1 pau de canela quebrado

6 cravos

2 dentes de alho bem picados

raspas de 2 limões-taiti

1 colher (chá) de sal

cerca de 6 colheres (sopa)

★ Coloque as especiarias inteiras em uma frigideira seca. Toste-as em fogo médio por cerca de 1-2 minutos, ou até dourarem e desprenderem o aroma. Retire do fogo e deixe esfriar. Transfira para um moedor de especiarias ou para um almofariz e triture até obter um pó grosseiro.

★ Coloque o pó em uma tigela e junte o alho, as raspas de limão e o sal. Misture bem e reserve até a hora de usar, para incorporar os sabores.

CAPÍTULO 7
DELÍCIAS DOCES

ABACAXI CARAMELADO

FINALIZE QUALQUER CHURRASCO COM UM TOQUE TROPICAL SERVINDO ABACAXI CARAMELADO. É UMA SOBREMESA DELICIOSA QUE LEMBRA FÉRIAS ENSOLARADAS À BEIRA-MAR.

1 colher (sopa) de glucose líquida ou uma pitada de cremor de tártaro

200 g de açúcar

185 ml de leite de coco em temperatura ambiente

30 g de pistache picado (opcional)

1 abacaxi

sorbet de coco, para servir (opcional)

8-10 porções

★ Para o caramelo, coloque 60 ml de água em uma panela de fundo grosso com a glucose líquida ou o cremor de tártaro e o açúcar. Mexa para dissolver e espere ferver em fogo médio. É importante não mexer, apenas girar a panela de vez em quando. Aqueça até o líquido ficar transparente, aumente um pouco o fogo e cozinhe por 10-15 minutos, até dourar bastante (mas sem queimar). Retire do fogo e junte o leite de coco, mexendo – tome cuidado, pois vai espirrar. O caramelo é servido morno – ele pode ser armazenado em um pote de vidro e levado à geladeira por 1 mês e então reaquecido.

★ Se usar pistache, preaqueça o forno a 180°C. Distribua-o sobre uma assadeira e asse por 5 minutos, até dourar levemente. Transfira para uma tigela e espere esfriar.

★ Com uma faca afiada, corte as extremidades do abacaxi, coloque-o em pé e retire a casca e os "olhos". Fatie a fruta em rodelas grossas e retire o miolo. Se o caramelo tiver sido preparado com antecedência, reaqueça-o com cuidado em uma panela pequena em fogo médio-baixo.

★ Preaqueça a churrasqueira/grelha. Grelhe o abacaxi em fogo alto por 5-7 minutos de cada lado, até dourar levemente. Coloque as rodelas nos pratos, regue-as com o caramelo e polvilhe-as com o pistache. Se desejar, sirva com sorbet de coco.

BRUSCHETTA DE DAMASCO
com creme de laranja

ESSA RECEITA DOCE VAI ANIMAR OS CONVIDADOS: PANETONE GRELHADO COBERTO COM DAMASCO CURTIDO NO VINHO E FINALIZADO COM CREME DE LARANJA E UM FIO DE MEL. FICA AINDA MAIS DELICIOSA SE FOR ÉPOCA DE DAMASCOS – E, SE HOUVER SOBRAS DA FRUTA, ARMAZENE-AS NA GELADEIRA E SIRVA COM QUEIJOS OU IOGURTE.

240 ml de vinho de sobremesa italiano de boa qualidade

1 fava de baunilha cortada ao meio

2 colheres (chá) de açúcar mascavo

680 g de damasco maduro cortado ao meio

6 fatias de panetone ou brioche com cerca de 4 cm de espessura

mel, para regar

creme de laranja

240 ml de coalhada ou creme de leite light

raspas de 1 laranja

1 colher (sopa) de mel de flor de laranjeira

3 colheres (sopa) de licor de laranja

6 porções

★ Coloque o vinho de sobremesa, a baunilha e o açúcar mascavo em uma panela que não seja de alumínio e leve ao fogo médio-alto. Espere ferver e reduza o fogo imediatamente, para ficar apenas borbulhando. Cozinhe por 5-6 minutos, até dissolver o açúcar.

★ Junte o damasco e espere ferver novamente. Reduza o fogo para médio-baixo e cozinhe por mais 10 minutos. A fruta deve ficar cozida, mas *al dente*.

★ Retire o damasco da panela com uma escumadeira e coloque-o em uma tigela de cerâmica. Aumente o fogo para médio-alto e cozinhe a calda por 5 minutos, mexendo com frequência, até reduzir pela metade. Despeje sobre o damasco.

★ Preaqueça a churrasqueira/grelha. Enquanto isso, misture os ingredientes do creme de laranja em uma tigela de vidro e leve à geladeira até a hora de usar.

★ Grelhe as fatias de panetone ou brioche por cerca de 2 minutos de cada lado, até tostarem. Disponha uma fatia em cada prato e adicione o damasco e a calda. Finalize com uma colherada do creme de laranja, regue com o mel e sirva.

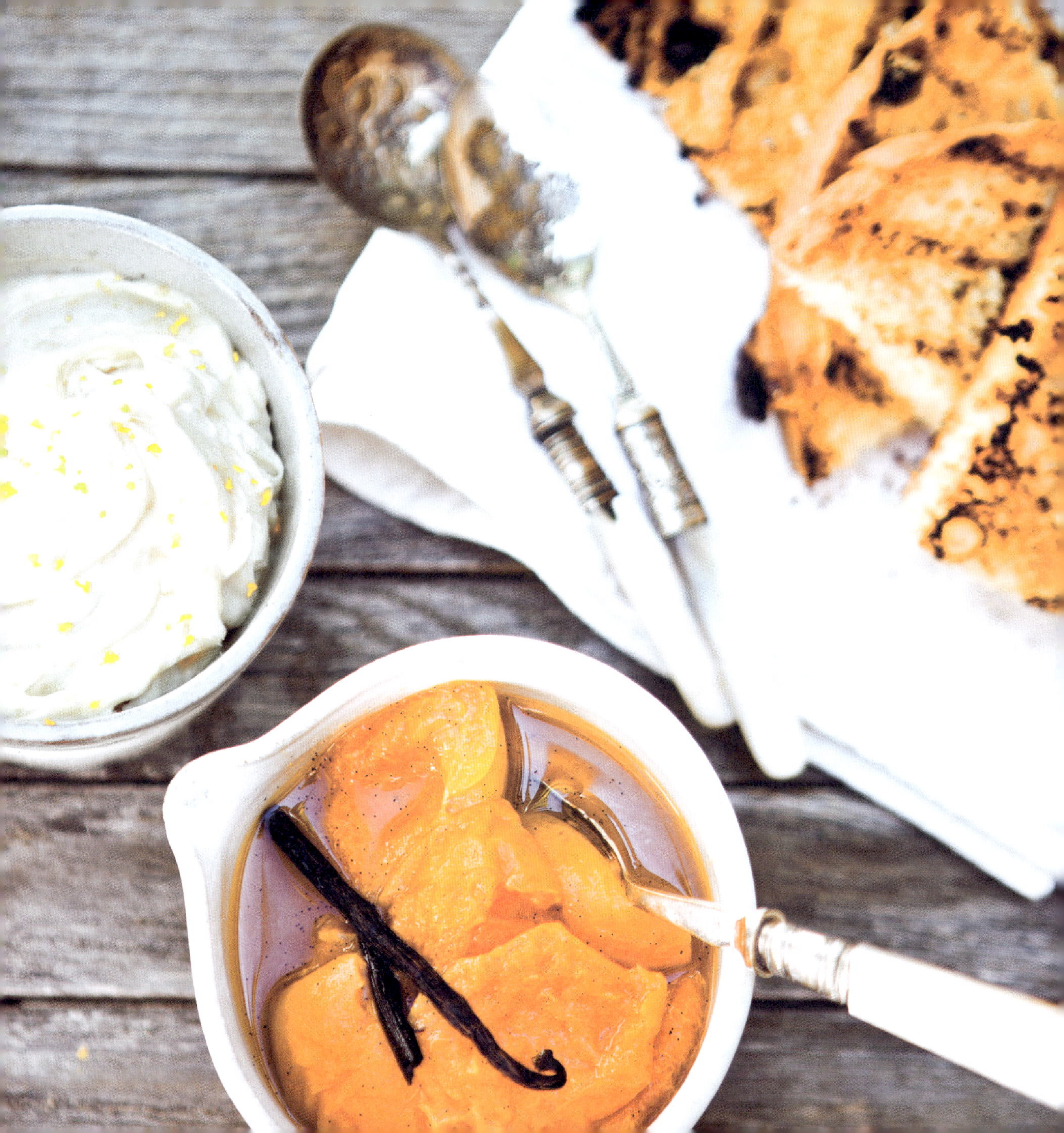

FIGO GRELHADO
com creme mascarpone de amêndoa

FIGOS FICAM DELICIOSOS GRELHADOS – MAS ESSA RECEITA TAMBÉM FUNCIONA COM UMA FRUTA QUE TENHA CAROÇO, COMO AMEIXA OU PÊSSEGO. PREFIRA PRODUTOS FRESCOS E DE EXCELENTE QUALIDADE.

150 g de mascarpone

½ colher (chá) de extrato de baunilha

1 colher (sopa) de amêndoa tostada moída ou em lascas triturada em um almofariz até virar pó

1 colher (sopa) de vinho marsala

1 colher (sopa) de mel

1 colher (sopa) de açúcar

1 colher (chá) de cardamomo em pó

8-10 figos cortados ao meio

4 porções

★ Coloque o mascarpone, o extrato de baunilha, a amêndoa, o marsala e o mel em uma tigela e bata bem. Cubra e reserve na geladeira até a hora de usar.

★ Em outra vasilha, misture o açúcar e o cardamomo em pó. Com cuidado, passe a superfície cortada do figo por essa mistura.

★ Preaqueça a churrasqueira/grelha.

★ Grelhe os figos por 1-2 minutos de cada lado, até tostarem e ficarem macios. Distribua-os em quatro tigelinhas e sirva com o creme mascarpone de amêndoa.

PAPELOTE DE FRUTAS GRELHADAS

EMBRULHAR FRUTAS EM PAPEL-ALUMÍNIO É UMA ÓTIMA MANEIRA DE LEVÁ-LAS À CHURRASQUEIRA OU GRELHA – O PAPELOTE AS MANTÉM SUCULENTAS E SABOROSAS.

4 pêssegos ou nectarinas cortados ao meio e depois em fatias

225 g de mirtilo

15 g de framboesa

suco de 1 laranja espremida na hora

1 colher (chá) de canela em pó

2 colheres (sopa) de açúcar

200 ml de iogurte natural

2 colheres (sopa) de creme de leite fresco

1 colher (sopa) de mel

1 colher (sopa) de água de rosas

1 colher (sopa) de pistache picado, para servir

4 porções

★ Coloque as frutas em uma tigela grande. Junte o suco de laranja, a canela e o açúcar e mexa. Divida a mistura de frutas por igual entre quatro folhas de papel-alumínio. Embrulhe e feche bem as extremidades, formando papelotes pequenos.

★ Em outra vasilha, misture o iogurte natural, o creme de leite fresco, o mel e a água de rosas. Reserve até a hora de usar.

★ Preaqueça a churrasqueira/grelha.

★ Grelhe os papelotes por 5-6 minutos. Retire-os do fogo, abra-os com cuidado e transfira as frutas para quatro tigelas individuais. Sirva com a mistura de iogurte e polvilhadas com o pistache.

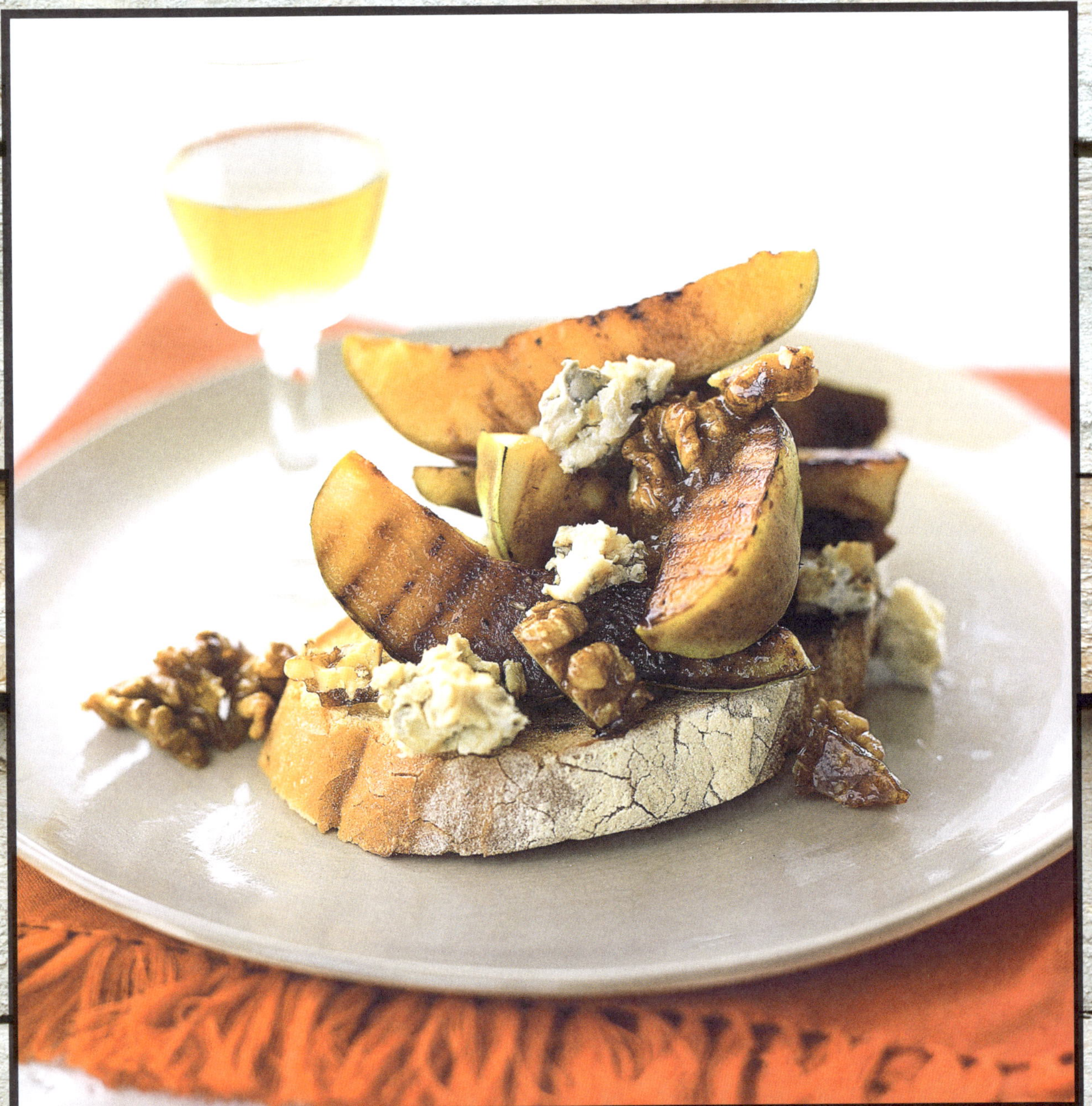

PERA GRELHADA com mel, nozes e queijo azul

EIS UMA MANEIRA ELEGANTE DE TERMINAR A REFEIÇÃO: COM A COMBINAÇÃO CLÁSSICA DE PERA, QUEIJO AZUL E NOZES E O TOQUE DEFUMADO DA CHURRASQUEIRA. SIRVA A PERA SOBRE UMA TORRADA E ACOMPANHADA DE UMA TAÇA DE VINHO DE SOBREMESA. PREFIRA A FRUTA MADURA, MAS AINDA FIRME.

50 g de nozes

2 colheres (sopa) de mel

¼ de colher (chá) de cardamomo em pó

4 peras

2 colheres (sopa) de açúcar

125 g de queijo azul, como dolcelatte, stilton ou danablu

para servir

torrada

vinho de sobremesa

papel-manteiga

4 porções

★ Coloque as nozes em uma frigideira com o mel e o cardamomo. Cozinhe em fogo alto até borbulhar bastante e começar a escurecer. Transfira imediatamente para uma folha de papel-manteiga e deixe esfriar.

★ Destaque a mistura de nozes do papel e reserve.

★ Preaqueça a churrasqueira/grelha.

★ Com uma faca afiada, divida a pera em quartos e retire o miolo. Corte-a em cunhas grossas, polvilhe-as levemente com o açúcar e grelhe por 1½ minuto de cada lado, até tostar um pouco.

★ Distribua as cunhas sobre as fatias de torrada, polvilhe-as com as nozes e sirva com queijo azul esmigalhado e uma taça de vinho de sobremesa.

BANANA RECHEADA
com pasta de amendoim e chocolate

óleo de cozinha em spray

6 bananas maduras com casca

6 colheres (sopa) de pasta de amendoim crocante

50 g de chocolate ao leite em pedaços

50 g de chocolate amargo (com 70% de cacau) em pedaços

6 colheres (chá) de coco ralado (opcional)

300 ml de chantili

6 porções

QUE TAL UMA BANANA RECHEADA PARA A SOBREMESA? OS QUATRO INGREDIENTES PRINCIPAIS DESSA RECEITA – BANANA, PASTA DE AMENDOIM, CHOCOLATE E CHANTILI – FUNCIONAM MUITO BEM JUNTOS E FINALIZAM PERFEITAMENTE UMA REFEIÇÃO. SEUS CONVIDADOS VÃO SE SURPREENDER COM ESSE PRATO – AFINAL, UMA BANANA NUNCA FOI TÃO GOSTOSA.

★ Unte seis quadrados de papel-alumínio* com o óleo em spray.

★ Com uma faca afiada, faça um corte ao longo da curva interna de cada banana sem se aprofundar muito (o suficiente para abrir a fruta como um livro). Espalhe 1 colher (sopa) de pasta de amendoim em cada uma e recheie com pedaços de chocolate ao leite e amargo. Se desejar, polvilhe 1 colher (chá) de coco em cada fruta. Feche o papel-alumínio.

★ Preaqueça a churrasqueira/grelha.

★ Coloque as bananas embaladas diretamente sobre as brasas e asse por cerca de 7-10 minutos. Retire do fogo e desembrulhe com cuidado, para conferir se o chocolate derreteu. Caso contrário, volte ao fogo e deixe mais um pouco. Sirva com uma colherada de chantili.

* Corte quadrados de papel-alumínio com cerca de 20 cm × 20 cm.

DELÍCIAS DOCES 137

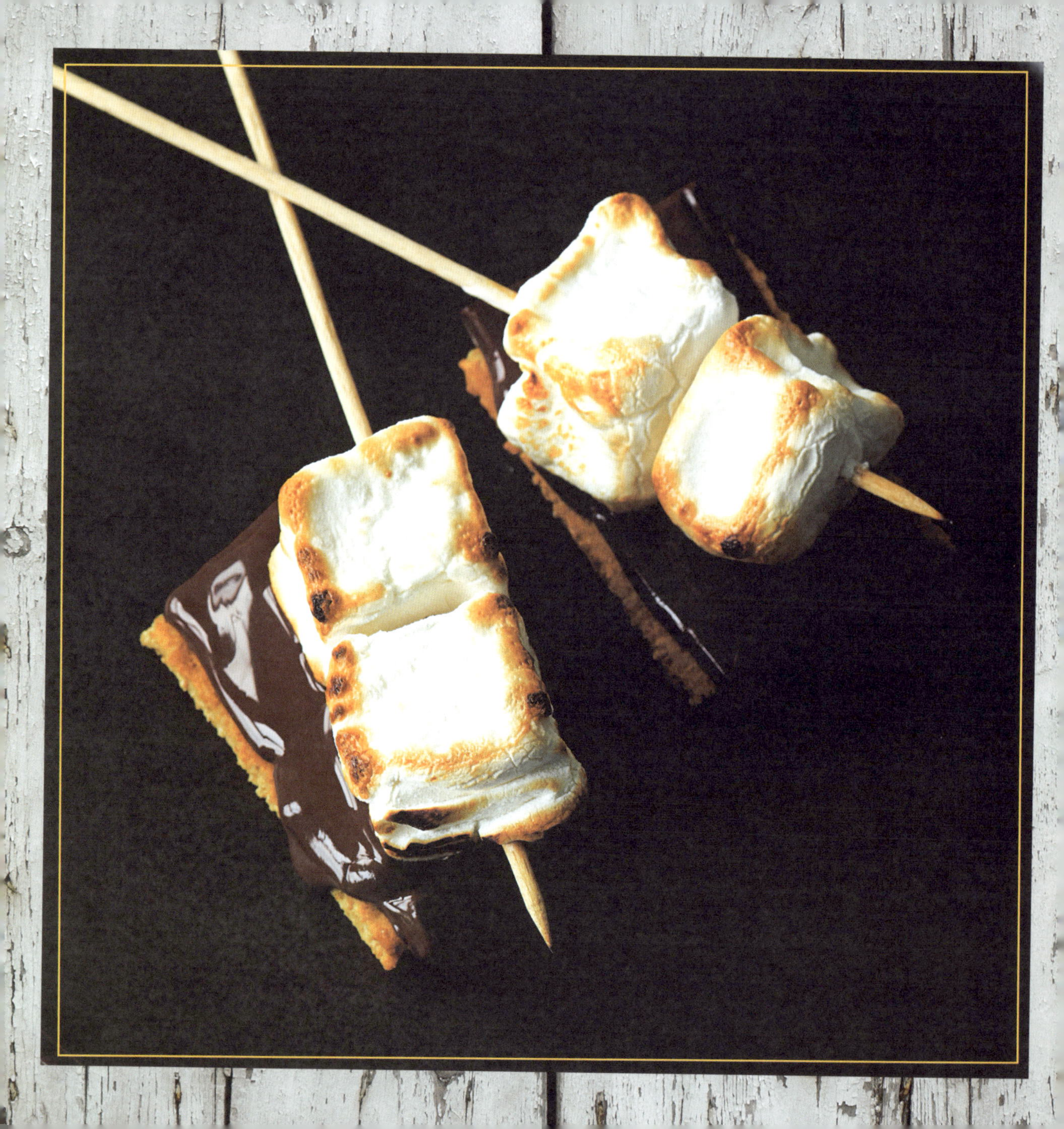

MARSHMALLOW VEGANO

PRAPARE O MARSHMALLOW SEM INGREDIENTES DE ORIGEM ANIMAL. PARA UMA VERSÃO INSPIRADA DE S'MORES, TOSTE OS CUBOS DE MARSHMALLOW E SIRVA COM COOKIES E CHOCOLATE DERRETIDO.

- 180 g de açúcar de confeiteiro, mais 30 g para polvilhar
- 60 g de maisena
- óleo leve, para untar
- 5 colheres (sopa) de proteína isolada de soja 90%
- 2 colheres (chá) de fermento em pó
- ¼ de colher (chá) de goma guar
- 310 ml de água fria
- 1 colher (sopa) de ágar-ágar
- 310 g de açúcar mascavo
- 340 g de golden syrup ou xarope de milho
- 2 colheres (chá) de extrato de baunilha
- cookies e quadrados de chocolate ao leite, para fazer s'mores (opcional)

termômetro para açúcar

30 unidades de 2,5 cm × 2,5 cm

★ Em uma vasilha grande, peneire 180 g de açúcar de confeiteiro com a maisena. Reserve.

★ Unte o fundo e os lados de uma assadeira com óleo; passe um pedaço de papel-toalha para retirar o excesso. Polvilhe generosamente com a mistura de açúcar e maisena.

★ Coloque a proteína de soja, o fermento em pó e a goma guar na tigela da batedeira. Junte 180 ml de água fria e bata em velocidade alta por 10 minutos, até obter picos firmes. Reserve.

★ Misture o ágar-ágar e o açúcar mascavo em uma panela grande. Acrescente a água restante e bata até engrossar. Adicione o golden syrup ou o xarope de milho. Leve ao fogo baixo, mexendo de vez em quando, até o termômetro marcar 110°C. Retire do fogo e junte rapidamente o extrato de baunilha.

★ Com a batedeira ligada na velocidade alta, acrescente aos poucos a calda quente à mistura de proteína de soja. Bata por 10 minutos.

★ Despeje na assadeira untada e polvilhada, trabalhando da maneira mais rápida possível. Peneire o açúcar restante por cima, de maneira uniforme, e leve à geladeira até firmar, por pelo menos 1 hora.

★ Preaqueça a churrasqueira/grelha. Corte o marshmallow em cubos e toste-o sobre a chama até dourar e ficar macio. Para os s'mores, faça um sanduíche de marshmallow quente com chocolate derretido entre dois cookies. Espere esfriar um pouco antes de comer.

BROWNIE DE CHOCOLATE E MARSHMALLOW

SIRVA O BROWNIE AINDA MORNO PARA APROVEITAR O MARSHMALLOW DERRETIDO – USE A RECEITA VEGANA (P. 139) OU COMPRE A VERSÃO VEGETARIANA PRONTA, SE ENCONTRAR.

112 g de manteiga

50 g de chocolate amargo (75% de cacau) em pedaços

200 g de açúcar

2 ovos

1 colher (chá) de extrato de baunilha

60 g de farinha de trigo

¼ de colher (chá) de sal

1 colher (chá) de fermento em pó

25 g de Marshmallow vegano (p. 139) cortado em pedaços de 1 cm

fôrma quadrada de 20 cm × 20 cm (ou similar) untada e enfarinhada

cerca de 20 unidades

★ Preaqueça o forno a 180°C.

★ Derreta a manteiga e o chocolate amargo em banho-maria (sem deixar a base da vasilha encostar na água). Mexa de vez em quando, até ficar homogêneo. Retire do fogo e espere esfriar um pouco. Junte o açúcar, os ovos e o extrato de baunilha. Bata para acrescentar a farinha de trigo, o sal e o fermento em pó, sem mexer demais.

★ Espalhe metade da massa na fôrma e cubra com três quartos do marshmallow. Despeje a outra metade da massa e distribua sobre ela o marshmallow restante.

★ Asse por 25-30 minutos, ou até ficar levemente elástico no meio. Espere esfriar na assadeira antes de desenformar e servir cortado em quadrados.

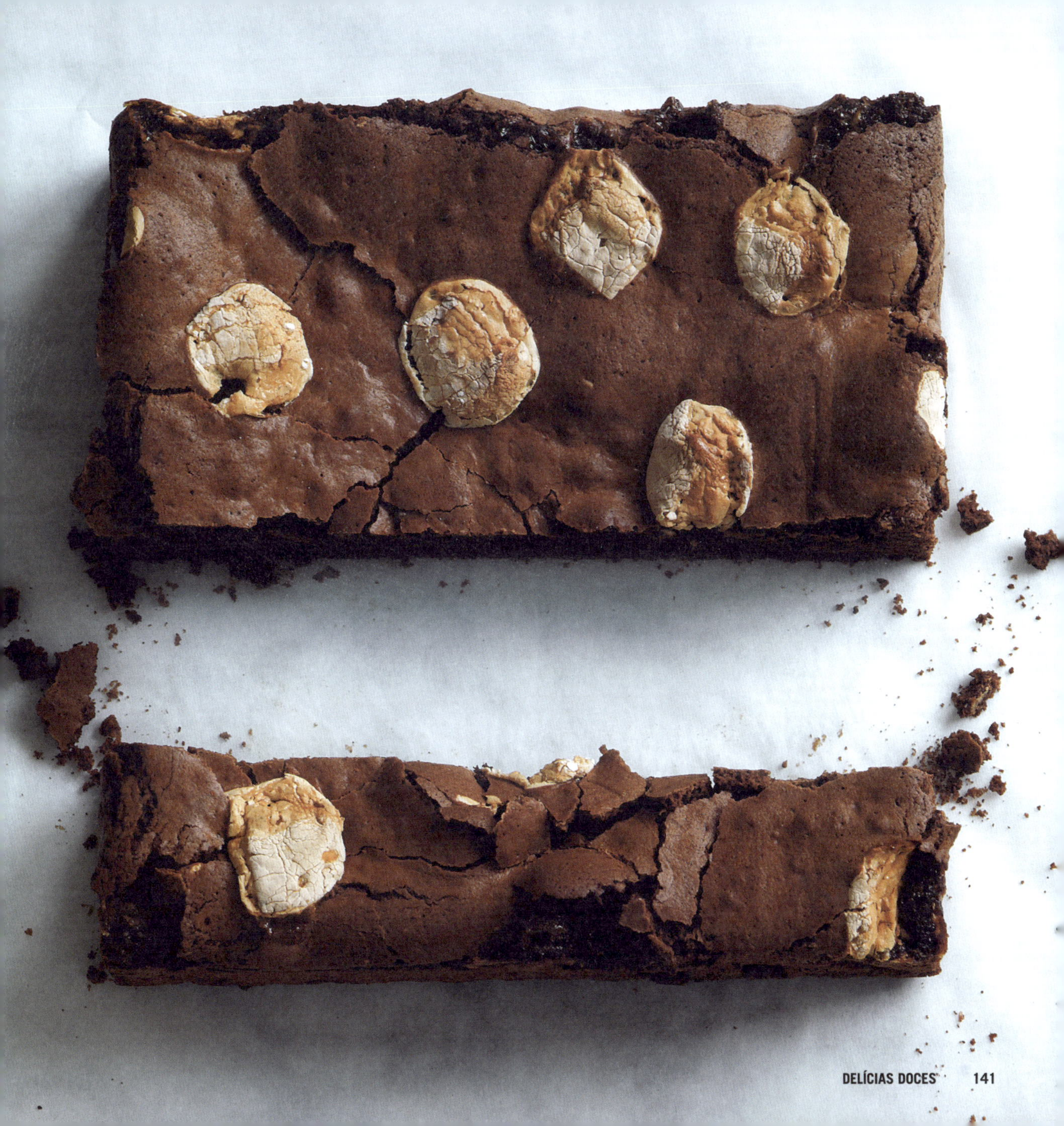

ÍNDICE

abacaxi caramelado 129
abóbora: abóbora assada 73
　　salada de romã e abóbora 105
abobrinha: abobrinha grelhada 64
　　salada de abobrinha e queijo feta 102
aipo-rábano: rémoulade de beterraba, aipo-rábano e maçã 92
alcachofra grelhada 16
alecrim: coleslaw com alecrim 90
　　pão chato grelhado com alecrim 27
alho: espetinho de pão de alho 32
　　marinada de ervas, limão e alho 119
　　salada de batata com limão--siciliano 100
alho-poró: alho-poró na grelha com molho tarator 70
antepasto de vegetais 20
arroz pilafe 77
aspargo: salada de pimentão e aspargo grelhados 103
avocado: guacamole de manga 12
azeitona: salsa de azeitona 106
　　tapenade de azeitona 34

babaganuche 11
banana-da-terra com limão e pimenta 28
banana recheada 136
batata: batata assada na brasa 66
　　batata caseira clássica 69
　　batata na cúrcuma com limão e coentro 81
　　salada de batata com limão--siciliano 100
　　salada de batata-bolinha com molho de gaspacho 101
batata-doce: batata-doce rústica 68
　　hambúrguer de batata-doce ao curry 53
　　homus de batata-doce 11
　　papelote de batata-doce com gergelim 67

berinjela: babaganuche 11
　　berinjela com mel e especiarias 40
　　berinjela gratinada 83
　　hambúrguer de berinjela 52
　　rolinho de berinjela e queijo 26
beterraba: brochete de beterraba e cebola pérola 37
　　endívia recheada com beterraba, cominho e grãos 111
　　hambúrguer de beterraba 46
　　rémoulade de beterraba, aipo--rábano e maçã 92
brochete de beterraba e cebola pérola 37
brownie de chocolate e marshmallow 140
bruschetta de damasco 130

castanha-de-caju: salada de trigo e castanha-de-caju 97
cebola: brochete de beterraba e cebola pérola 37
　　cebola recheada com espinafre e ricota 24
　　geleia de cebola 49
cenoura: cenoura e erva-doce fritas com cominho e xarope de romã 80
　　salada de cenoura, laranja--vermelha e nozes 109
cevada: hambúrguer de champignon e cevada 61
chocolate: banana recheada com pasta de amendoim e chocolate 136
　　brownie de chocolate e marshmallow 140
champignon: champignon piripíri 21
　　hambúrguer de champignon e cevada 61
cogumelo: hambúrguer de cogumelo 49
　　hambúrguer de quinoa com "pão" de cogumelo 51
coleslaw: coleslaw clássica 88
　　coleslaw com alecrim 90
　　coleslaw com sour cream 89
　　coleslaw de manga e limão 91
creme mascarpone de amêndoa 132

curry: espetinho chachlik 43
　　hambúrguer de batata-doce ao curry 53
cuscuz marroquino amanteigado 74

damasco, bruschetta de 130

endívia recheada com beterraba, cominho e grãos 111
erva-doce: cenoura e erva-doce fritas com cominho e xarope de romã 80
ervas: maionese de ervas 117
　　marinada de ervas, limão e alho 119
espetinhos: berinjela com mel e especiarias 40
　　brochete de beterraba e cebola pérola 37
　　espetinho chachlik 43
　　espetinho caramelizado de tofu 31
　　espetinho de pão de alho 32
　　satay picante de tofu 39
　　espetinho de vegetais com molho tailandês 33
　　halloumi grelhado 34
　　kebab vegetariano 38
espinafre: cebola recheada com espinafre e ricota 24
　　mac'n'cheese com espinafre 84

feijão: hambúrguer de tofu e feijão 58
　　pasta de feijão-rajado 11
figo: figo grelhado com creme mascarpone de amêndoa 132

geleia de cebola 49
gengibre: macarrão de arroz com gengibre e pimenta 77
ghee, triguilho com 74
grão-de-bico: hambúrguer de faláfel 48
　　homus de batata-doce 11
grãos, endívia recheada com beterraba, cominho e 111
guacamole de manga 12

hambúrguer: hambúrguer de tofu e feijão 58
　　hambúrguer de batata-doce ao curry 53

hambúrguer de berinjela 52
hambúrguer de beterraba 46
hambúrguer de champignon e cevada 61
hambúrguer de faláfel 48
hambúrguer de quinoa 51
hambúrguer de raízes com queijo 62
hambúrguer vegano picante 54
homus de batata-doce 11

iogurte: marinada de iogurte com hortelã 119
tzatziki 18

kebab vegetariano 38
keftede de tomate 18
ketchup caseiro 113
kimchi de fermentação caseira 124

laranja: creme de laranja 130
　　salada de cenoura, laranja--vermelha e nozes 109
limão-siciliano: maionese de limão-siciliano 117
　　marinada de ervas, limão e alho 119
　　salada de batata com limão--siciliano 100
limão: abóbora assada com limão e especiarias 73
　　banana-da-terra com limão e pimenta 28
　　batata na cúrcuma com limão e coentro 81
　　slaw de manga e limão 91

maçã: rémoulade de beterraba, aipo-rábano e maçã 92
mac'n'cheese com espinafre 84
macarrão de arroz: macarrão de arroz com gengibre e pimenta 77
maionese: maionese clássica 116
　　maionese de ervas 117
　　maionese de limão--siciliano 117
　　maionese de mostarda 116
　　maionese de mostarda extraforte 46
　　maionese de pesto 117
manga: guacamole de manga 12

salsa de manga e gergelim 123
slaw de manga e limão 91
marinada: marinada de ervas,
   limão e alho 119
   marinada de iogurte com
   hortelã 119
   marinada tailandesa
   picante 119
marshmallow: brownie de
   chocolate e marshmallow 140
   marshmallow vegano 139
mascarpone: creme mascarpone
   de amêndoa 132
massas: mac'n'cheese com
   espinafre 84
   salada de risoni 98
milho-verde grelhado com sal de
   pimenta 65
molho barbecue: molho barbecue
   asiático 114
   molho barbecue picante
   e defumado 112
molhos: ketchup caseiro 113
   molho agridoce de
   pimenta 114
   molho barbecue asiático 114
   molho barbecue picante e
   defumado 112
   molho balsâmico 105
   molho de gaspacho 101
   molho de limão-siciliano,
   alcaparra e hortelã 102
   molho de queijo azul 120
   molho de soja especial 39
   molho tarator 70
muffin de milho 12

nozes: molho tarator 70
   pera grelhada com mel, nozes
   e queijo azul 135
   salada de cenoura, laranja-
   -vermelha e nozes 109

panetone: bruschetta de
   damasco 130
pão: espetinho de pão de alho 32
   pão ao molho barbecue 87
   pão chato grelhado com
   alecrim 27
   veja também pão pita
pão pita: salada de pão pita 106
   halloumi no pão pita 45
papelote de frutas grelhadas 133
pastas 11

pasta de amendoim: banana
   recheada com pasta de
   amendoim e chocolate 136
pasta de feijão-rajado 11
pepino: tzatziki 18
pera: pera grelhada com mel,
   nozes e queijo azul 135
pesto 38
pimenta: banana-da-terra com
   limão e pimenta 28
   macarrão de arroz com
   gengibre e pimenta 77
   maionese de pimenta 16, 49
   molho agridoce
   de pimenta 114
   salada de batata com limão-
   -siciliano 100
pimentão: salada de pimentão
   e aspargo grelhados 103
polenta grelhada 17

queijo: halloumi grelhado 34
   halloumi no pão pita 45
   hambúrguer de raízes com
   queijo 62
   mac'n'cheese com espinafre 84
   molho de queijo azul 120
   pera grelhada com mel, nozes
   e queijo azul 135
   rolinho de berinjela
   e queijo 26
   salada de abobrinha
   e queijo feta 102
   salada de pão pita com
   muçarela e salsa de
   azeitona 106
   salada de risoni 98
   sanduíche de vegetais com
   "pão" de halloumi 57
   tabule com queijo feta 94
   veja também mascarpone; ricota
quinoa: hambúrguer de quinoa
   com "pão" de cogumelo 51
   salada de quinoa com
   vegetais 95

ratatouille 71
rémoulade de beterraba, aipo-
   -rábano e maçã 92
repolho: kimchi de fermentação
   caseira 124
ricota: cebola recheada com
   espinafre e ricota 24
risoni: salada de risoni 98

romã: salada de romã e
   abóbora 105
   vegetais assados à moda do
   Oriente Médio 78

salada: endívia recheada com
   beterraba, cominho
   e grãos 111
   rémoulade de beterraba, aipo-
   -rábano e maçã 92
   salada de abobrinha e queijo
   feta 102
   salada de batata com limão-
   -siciliano 100
   salada de batata-bolinha com
   molho de gaspacho 101
   salada de cenoura, laranja-
   -vermelha e nozes 109
   salada de pão pita 106
   salada de pimentão e aspargo
   grelhados 103
   salada de quinoa com
   vegetais 95
   salada de risoni 98
   salada de romã e abóbora
   com molho balsâmico 105
   salada de trigo e castanha-de-
   -caju 97
   salada de vagem trufada 108
   salada de vegetais
   grelhados 15
   tabule com queijo feta 94
salsa: salsa de azeitona 106
   salsa de manga e gergelim 123
   salsa de tomate defumado 123
   salsa verde 123
sanduíche de vegetais 57
satay: satay picante de tofu com
   molho de soja especial 39
   satay de couve-flor com
   chutney de coentro e coco 23
sementes de gergelim: papelote
   de batata-doce com
   gergelim 67

tabule com queijo feta 94
tapenade de azeitona 34
temperos: tempero asiático 127
   tempero creole 127
   tempero marroquino 127
tofu: espetinho caramelizado
   de tofu 31
   satay picante de tofu 39
   hambúrguer de tofu e feijão 58

tomate: keftede de tomate com
   tzatziki 18
   ketchup caseiro 113
   salsa de tomate defumado 123
torrada de ervas 15
trigo: salada de trigo e castanha-
   -de-caju 97
triguilho com ghee 74
tzatziki 18

vagem: salada de vagem
   trufada 108
vegetais: antepasto de vegetais 20
   espetinho de vegetais com
   molho tailandês 33
   hambúrguer de raízes
   com queijo 62
   kebab vegetariano 38
   salada de quinoa com
   vegetais 95
   salada de vegetais grelhados 15
   sanduíche de vegetais 57
   vegetais assados à moda do
   Oriente Médio 78
   veja também cenoura; batata-
   -doce etc.

CRÉDITOS DAS RECEITAS

Amy Ruth Finegold
Hambúrguer de quinoa com "pão" de cogumelo

Annie Rigg
Halloumi grelhado com tapenade de azeitona

Brian Glover
Salada de abobrinha e queijo feta com molho de limão-siciliano, alcaparra e hortelã

Carol Hilker
Brownie de chocolate e marshmallow
Coleslaw com alecrim
Marshmallow vegano

Celia Brooks Brown
Espetinho de vegetais com molho tailandês

Chloe Coker e Jane Montgomery
Rémoulade de beterraba, aipo-rábano e maçã
Endívia recheada com beterraba, cominho e grãos
Cebola recheada com espinafre e ricota

Claire McDonald e Lucy Mcdonald
Halloumi no pão pita

Dunja Gulin
Kimchi de fermentação caseira
Hambúrguer vegano picante

Fran Warde
Abobrinha grelhada

Ghillie Basan
Berinjela com mel e especiarias
Triguilho com ghee
Cuscuz marroquino amanteigado
Satay de couve-flor com chutney de coentro e coco
Cenoura e erva-doce fritas com cominho e xarope de romã
Vegetais assados à moda do Oriente Médio com sementes de romã
Arroz pilafe
Abóbora assada com limão e especiarias
Macarrão de arroz com gengibre e pimenta
Satay picante de tofu com molho de soja especial
Kebab vegetariano com pesto
Batata na cúrcuma com limão e coentro

Jackie Kearney
Abacaxi caramelado
Coleslaw de manga e limão
Espetinho chachlik
Espetinho caramelizado de tofu

Jane Noraika
Rolinho de berinjela e queijo
Banana-da-terra com limão e pimenta

Jordan Bourke
Berinjela gratinada
Babaganuche
Hambúrguer de beterraba com maionese de mostarda extraforte
Pasta de feijão-rajado
Salada de cenoura, laranja-vermelha e nozes
Salada de quinoa com vegetais
Homus de batata-doce

Laura Washburn
Pão ao molho barbecue
Mac'n'cheese com espinafre
Hambúrguer de champignon e cevada
Ratatouille

Lesley Waters
Salada de batata-bolinha com molho de gaspacho

Lindy Wildsmith
Papelote de batata-doce com gergelim

Louise Pickford
Molho barbecue asiático
Brochete de beterraba e cebola pérola
Molho de queijo azul
Alho-poró na grelha com molho tarator
Hambúrguer de berinjela
Tempero creole
Hambúrguer de batata-doce ao curry
Batata assada na brasa
Tempero asiático
Espetinho de pão de alho
Alcachofra grelhada com maionese de pimenta e limão
Milho-verde grelhado com sal de pimenta
Figo grelhado com creme mascarpone de amêndoa
Papelote de frutas grelhadas
Salada de pão pita com muçarela e salsa de azeitona
Polenta grelhada
Pão chato grelhado com alecrim
Pera grelhada com mel, nozes e queijo azul
Marinada de ervas, limão e alho
Salsa de manga e gergelim
Marinada de iogurte com hortelã
Tempero marroquino
Hambúrguer de cogumelo com maionese de pimenta e geleia de cebola
Hambúrguer de tofu e feijão
Salada de pimentão e aspargo grelhados
Salsa verde
Salsa de tomate defumado
Hambúrguer de faláfel
Molho agridoce de pimenta
Marinada tailandesa picante
Antepasto de vegetais

Lydia France
Champignon piripíri

Miranda Ballard
Hambúrguer de raízes com queijo
Coleslaw clássica
Batata caseira clássica
Maionese clássica
Maionese de ervas
Ketchup caseiro
Molho barbecue picante e defumado
Maionese de limão-siciliano
Maionese de mostarda
Maionese de pesto
Coleslaw com sour cream
Batata-doce rústica

Tori Finch
Banana recheada com pasta de amendoim e chocolate
Salada de risoni
Muffin de milho com guacamole de manga
Sanduíche de vegetais com "pão" de halloumi
Salada de batata com limão-siciliano
Salada de romã e abóbora com molho balsâmico
Salada de trigo e castanha-de-caju
Salada de vagem trufada
Tabule com queijo feta

Tori Haschka
Keftede de tomate com tzatziki

Valerie Aikman-Smith
Salada de vegetais grelhados com torrada de ervas
Bruschetta de damasco com creme de laranja

CRÉDITOS DAS IMAGENS

Steve Baxter 35; **Martin Brigdale** 48, 52, 53, 59, 67, 71; **Peter Cassidy** 90, 101; **Jean Cazals** 21; **Richard Jung** 2, 22, 38-41, 72-6, 102; **Erin Kunkel** 14, 131, guardas; **William Lingwood** 26, 29; **Steve Painter** 79-81, 138, 141; **William Reavell** 25, 55, 93, 110, 125; **Georgia Glynn-Smith** 13, 56, 94, 96-100, 104, 108, 137; **Debi Treloar** 6, 64, 70; **Ian Wallace** 7-9, 16, 17, 20, 27, 32, 36, 49, 65, 66, 103, 107, 115, 118, 121, 122, 126, 132, 133, 134; **Philip Webb** 33; **Stuart West** 44; **Kate Whitaker** 10, 47, 60, 82-6, 95, 109; **Isobel Wield** 19; **Clare Winfield** 30, 42, 50, 63, 68-9, 88-9, 91, 112-3, 116-7, 128.

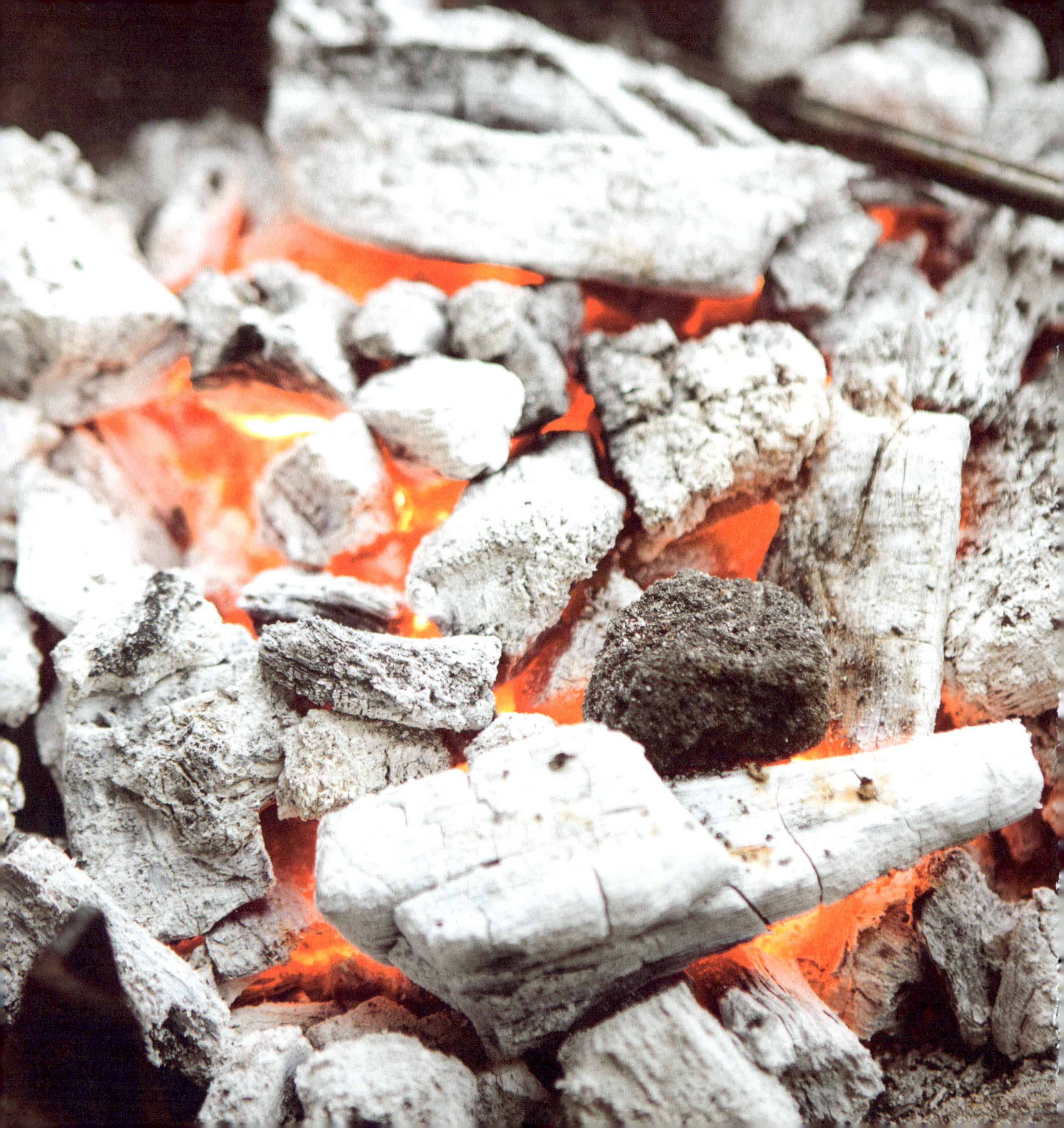